AMOR CIBERNÉTICO

MARIANO MORILLO B. PHD.

Gotham Books

30 N Gould St.
Ste. 20820, Sheridan, WY 82801
https://gothambooksinc.com/

Phone: 1 (307) 464-7800

© 2025 *Mariano Morillo B. PhD*. All rights reserved.

No part of this book may be reproduced, stored in a retrieval system, or transmitted by any means without the written permission of the author.

Published by Gotham Books (May 31, 2025)

ISBN: 979-8-3493-3524-2 (P)
ISBN: 979-8-3493-3525-9 (E)

Because of the dynamic nature of the Internet, any web addresses or links contained in this book may have changed since publication and may no longer be valid.

The views expressed in this work are solely those of the author and do not necessarily reflect the views of the publisher, and the publisher hereby disclaims any responsibility for them.

ÍNDICE

PRESENTACIÓN vii
PREAMBULANDO ix
    LO QUE ES AGRADABLE: ix
    SENDERO DE LUZ xi
CAPITULO I
    DILEMA CONMIGO 1
CAPITULO II
    ELLA Y YO 5
CAPITULO III
    AVENTUREROS 11
CAPITULO IV
    CONFUSIO'N 13
CAPITULO V
    EL ALMA SILENCIOSA 17
    EL A LMA SILENCIOSA 17
CAPITULO VI
    HOY VINE A QUERERTE 23
CAPITULO VII
    LA FLOR DEL SOL 33
CAPITULO VIII
    LA MUJER DEL PERRO 37
CAPITULO IX
    LAS TROGLODITAS 41

CAPITULO X
- ENCUENTRO CASUAL 61

CAPITULO XI
- LAS SOLDADOS DEL EDEN 65

CAPITULO XII
- LAS BUSCADORAS 89

CAPITULO XIII
- LA LIDER 95

CAPITULO XIV
- MI AMOR DE TECNOLOGIA 103
- SENDERO DE LUZ 104
- SUEÑO DE ETERNIDAD 105

CAPITULO XV
- MI AMOR DE CABLE Y ALAMBRE 111
- POR SIEMPRE ESTARE' 115

CAPITULO XVI
- PIBA DE REDENCIO'N 121
- DESHONOR 126

CAPITULO XVII
- LA FILOSOFA 131

SINOPSIS 139

MARIANO MORILLO B. PhD.

AMOR CIBERNETICO.

CIBER LOVE

"NO DEBEMOS SENTIR VERGÜENZA DE HABLAR,
DE LO QUE DIOS NO TUVO VERGÜENZA DE CREAR,
PERO TENGAN CUIDADO CON EL AUTOR,
EL AUTOR ES UN CREADOR Y LO
QUE ES REAL< EL LO HACE FICCION"

PRESENTACIÓN

La aparición del internet como la magia cibernética indujo a los humanos a ensayar la ficción del corazón de forma tal que las redes sociales se fueron convirtiendo en herramientas de comunicación alternativa, que había ido desplazando al modelo tradicional obligando a los usuarios a sumarse a las pautas alternativas del encuentro global de personas e instituciones, sin que llegaran a imaginarse que tal avance tecnológico renovaría las acciones empresariales, desplazando grandes cantidades de manos de obras, que viéndose inhabilitada necesitaron crear formas alternativas de sobrevivencias.

Así pues se inició la degeneración de la sociedad y la cotidianidad se tornó iniquidad.

La tecnología dio a luz al internet que como herramienta de revolución se impuso a la población, creándole la adicción a la insatisfacción, contribuyendo grandemente a la destrucción de la familia tradicional, y algunas de ellas, se encegueieron y confundieron la liberación con el libertinaje y empezaron la búsqueda de algo que creyeron necesitar, y hubo una especie de obnubila miento, algo así, como un limbo social donde todos estaban insatisfechos y creían necesitar algo que buscaban al mismo tiempo, que las redes sociales se hacían el conducto para perseguirlo y alcanzarlo, y de pronto todos se vieron envueltos en el pecado de los siglos, y se generaron trampas, mentiras, robos, traiciones, suicidios, hipocresías, cinismos, y oportunismos que quebrantaron a los ingenuos a tal grado que la mafia cibernética oculta tras los bastidores de las redes, dieron pie a lo que ha venido a llamarse "Amor Cibernético" donde la verdad y la mentira se combinan para exaltar el manjar de un paladar que no siempre se logra encontrar.

Leamos esta novela de la cotidianidad, donde Mariano Morillo B. PhD. El cronista de América les muestra la verdad de la cotidianidad, que todos viven, pero que intentan ignorar, leamos: AMOR CIBERNETICO.

Una novela arrancada de la ilusión que generó el internet con su magia magistral de ese coloquio lineal que impregnó al corazón otra manera de amar.

AMOR CIBERNETICO

PREAMBULANDO

LO QUE ES AGRADABLE:

Una blanquita de piel rosadita, que exasperaba al que la miraba, al viejo de la esquina lo puso a temblar y hasta taquicardia le quiso dar, era una belleza sin igual, a la que todos querían tratar, en el caso mío, decidí amarla, y reconstruirme con su mirada:

No veas, porque si tú ves, fue porque miraste, y esa brillantez que trae su belleza puede subyugarte.

Las grandes prisiones del alma atadas al amor, del buen corazón, están escondidas tras de la belleza, por eso algún día, alguien se expresó que tras la belleza había corrupción, pero en el amor, nunca hay confusión, y no mira el alma la definición, que trae asignada en el corazón.

Los ángeles, vieron y también cayeron por el resplandor de las hermosas féminas que les mostró el sol, su reino lo hicieron en este contexto, la luna mostró todo su embeleso, y se hizo testigo de aquel amor cierto.

La creación, se evolucionó, el tiempo enseñó, como era el dolor, la mujer sufrió, lo que comprendió, el hombre la hizo, súbdita de amor.

Llegó confundida "la liberación" no fue libertad sino confusión, el amor surgió como aberración, un hombre que amó a otro que encontró, se juntaron dos, y así otra mujer, se desorbitó, y a otra mujer, también ella amó., y fue aberración, se había roto la tradición, se distorsionó el amor, que guardaba el alma para el corazón.

Entonces la vida entró en un desierto, todo era negocio no había nada cierto, y el amor de la creación fue vuelto inclemencia en la clonación, y las muñecas te amaban, te hacían el café y té masturbaban, el amor se tornó cibernético y desapareció del alma, todos jugaban pero nadie amaba,

Ya no había pasión, todo era negocio y desilusión

La irracionalidad había arrancado la paz.

SENDERO DE LUZ

El amor equilibra la vida, el amor engendra la ilusión ,
Es lucero de luz, que te abre el camino de la plenitud.
Por amor se preserva andar en la tierra tras la redención
de la comprensión .
El amor es lucero de luz que emana virtud.
La boca mastica pero no digiere.
Por eso el amor no es simple expresión.
Es algo profundo que emana con gloria desde el corazón.
Es un dardo hipnótico que le otorga al hombre la
transformación.
Es algo divino que te das la gloria o marca tu destino.
Porque con amor, tú encuentras el camino.
Motiva la causa de andar por la vida por donde te inspira.
, renuncias a fortunas detrás de una gloria que otorga el
amor.
Piensas que moriste cuando un tropezón hiere tu ilusión.
Por eso el amor es máxima gloria de tu corazón.
Cuando te enamoras tu pecho se crece, tu vista
se expandes y puede ver al sol.
Porque no hay razón que impida a tu amada dar tu
comprensión.

MARIANO MORILLO B. PhD.

CAPITULO I

La corrupción mueve a la tentación,

cuando el botín está en exhibición.

DILEMA CONMIGO

Hola! Mi nombre es Gerinerdo Atawalpa, y me he ido adicionando a las redes sociales a tal grado que suelo confundir la noche con el día, y cuando vuelvo a la vida real, muchas veces no me puedo adaptar, porque aun acabando la sección, ideal, me queda la ilusión de volver a chatear, mi hermana Lucy al notar que se perdió la forma tradicional de hablar, desde su habitación me empieza a chatear, con eso de si el domingo estaremos disponibles para ir al cine con nuestro padre, el chatear no nos deja avanzar, y cada día, surgen nuevas prerrogativas acerca de la conveniencias o las dificultades que surgen al estar mucho tiempo montado al internet..

El caso es que nos hemos acostumbrados como generación milenio a caminar por el mundo de ingenuidad, fantasías y dolores, sin importarnos las consecuencias.

Pero ahora ha surgido otro dilema"

En realidad, no se de quien estoy enamorado, si del computador, o de los interlocutores que me contactan, lo digo porque uno de esos días que me encontraba en redes conocí un nuevo amigo que se hacía llamar "siri", era muy divertido y hasta sabio parecía, y no voy a negarle que él fue mi primera decepción, resultó ser un robot, y no volví a hablar más con él.

Luego me enamoré y en ese entonces no quería ni comer, y recibí otra nueva decepción mi novia se llamaba Alexa y resultó ser otro robot

¡Qué barbaridad, los habitantes del planeta estábamos perdiendo la humanidad!. Y hasta me preocupé al pensar cómo seria la vida para el dos mil ochenta, pero rápidamente me serené al encontrar la respuesta al instante, y me auto respondí:

No hay que preocuparse, será lo que tenga que ser, la vida seguirá su curso en función de su evolución, debido a que la misma continuidad de la creatividad, te llevarás a adaptarte a cada nueva realidad, nada se ha de estatizar.

Cada día, algo nuevo acontecía, nueva gente me conocía, me constataban por el computador, y tenía que encontrar alternativa para responder a cada cuestionamiento, en fin, estoy que no parezco ser el que era y hasta dificultades me han surgido para ir a la escuela, y cuando voy he querido andar chateando por debajo de la tapa de apoyo en la butaca, bueno, estoy hablando de antes que se generara la motivación para que dispusieran la disposición de la incautación de los celulares al momento de cruzar el retén de seguridad establecido antes de llegar al aula.

En realidad lo que indujo a tal acción fue el caso de Frederick, si, uno de los come nenas del aula, él siempre vivía inventando payasadas que nos involucraban y las chicas se lo celebraban, y al ver su popularidad, todos queríamos seguirlo, y aquel privando en valiente, introdujo la pistola de su papá en mi mochila sin que me diera cuenta, y al pasar por el punto de revisión la alarma del escáner alertó que algo andaba mal, entonces me llevaron para una habitación, comenzaron conmigo y me preguntaron de dónde saqué la pistola, y le respondí que no sabía, que no era mía, que alguien la introdujo en mi mochila, y como ya antes había visto el arma en casa de Frederick, me fue fácil adivinar de quien era y como ya había visto algo, decidí decir algo, y me vi precisado a chotear a mi amigo, no se sorprendan, el sistema nos torna traidores, y si por dinero entregamos a nuestros familiares, por mucho menos a un amigo con tal de librarnos de algo que nos perjudique, pero el caso fue, que si no era él, seria yo y él, no me respetó, se volvió confianzudo y me usó sin consultarme, y siempre he odiado a los oportunistas con su oportunismo.

De todos modos nos encerraron en un cuarto a los dos, hasta que aparecieron nuestros padres.

No nos encarcelaron porque no habíamos llegado a hacer uso del arma, sin embargo, como el padre de Frederick portaba la pistola legalmente, se la devolvieron bajo la promesa de que en lo adelante, debería guardarla en un lugar seguro pero a Frederick y a mí, nos suspendieron por tres semanas, tiempo que usé para leer e ir a ver el juego de volibol, más por ver a Luz del Alba bolear, que por lo que me atrajera el juego.

Desde que mis padres tuvieron la oportunidad de verme a solas, me entrecogieron como dos verdugos dispuestos a guillotinar al condenado:

----- Oye Atawalpa, te hemos dicho que no te juntes con Frederick, que ese niño es peligroso, mira lo que te hizo, te involucró en algo que pudo ser grave para todos, aun siendo inocente.

Luz del Alba era mi querida y la tenía entretenida hasta que me descubrió chateando con otra amiga.

Me reclamó en alegato diciéndome claramente, pícaro de mal agüero, deshonesto sin consuelo, ya no te aguanto una más, llegó el tiempo de acabar, si otra moza te deleita, a mí no me va a engañar.

Le respondí:

---- Luz, querida , no hay segunda intención, tu siempre ha sido mi amor, no debes dudarlo más, porque soy tu corazón, te busco por mar y tierra, para construir la senda donde debemos movernos, para construir el nido, para mostrarnos cariño.

Luz del Alba se serenó, y un tiempecito después, otra vez me sorprendió, que a espaldas de ella chateaba, y sin piedad me dejó, y evolucionó mi vida, y aun chateando sigo yo.

Es verdad que hay de todo en la viña del señor, hay gente que en tierra ajena, se hace bajo e inconsciente, y por cualquier nimiedad, anda vendiendo a su gente, pero yo no soy de esos, simplemente me enamoro y en internet, me demoro.

CAPITULO II

CORCEL

Romántica ternura que llueve y nace con el sol

Me entrega fortaleza, me renueva el honor

Amamante de pradera y glorificación

Con besos de esperanzas, se cura el corazón

Soporte de la gloria que solo otorga Dios

Cabalga en la pradera, persiguiendo el amor

ELLA Y YO

Vivo deleitado en el camino contemplando la virtud de la vida, los hombres suelen hablar de las diferencias entre cada uno y otro, sin embargo cada cual acaba adaptándose a su realidad, porque al llegar a este mundo, encontramos todo hecho y nos vamos adaptando y evolucionando en todo lo que va surgiendo, cada cual una vez en el planeta va evolucionando en función de la vida que trae asignada o que seleccionó.

En mi caso ahora me sentía deslumbrado con lo que acontecía en la cibernética, las chicas me tenían atolondrados y mi padre que siempre vivía al tanto de mí, frecuentemente estaba amonestándome y me llamaba por el nombre y apellido y me decía:

Gerinerdo Atawalpa, cuándo es que te vas a ir a dormir, es tiempo de que suelte esa computadora y te vayas a dormir.

Al no quedarme de otra, con cierta sutileza me iba retirando y me iba a dormir, y mientras me llegaba el sueño me acordaba de Luz del Alba y pensaba en:

"ELLA Y YO" : y así me expresaba para ser oído por el viento: :

Cuando ella miraba él se contentaba y como un farol se me iluminaba,

Él le sonreía y ella se calmaba, ya que en su sentir, también lo admiraba.

Su filosofía, a ella la movía, y su mansedumbre ya lo conmovía.

Y, era tan tierna que me induciría, y yo me alegraba y ella me abrazaba, también me quería.

Ella era la dueña de la vida mía, también, admiraba lo que le decía.

Se volvía tan tierna que yo la tenía, hasta aquel momento, ella se entregó.

Y un poco después, se me rebeló.

No quería volar, mucho menos andar, quería matrimonio, para en casa estar.

Ella despreciaba al oportunista, porque en realidad carecía de vista.

Y es peor que gato que anda maullando, buscando tajadas, que no cuesten nada, y yo le decía:

Ven corres juntos a mí, romántica ternura que llueve y nace con el sol, me entrega fortaleza, me renueva el honor: Amante de praderas y glorificación, con besos de esperanzas, curando el corazón, soporte de la gloria que solo otorga Dios, cabalga en la pradera, persiguiendo el amor.

Va dando pinceladas, llamando a la alborada, que otorga redención.

En cada amanecer, cifró mi despertar, enseñándome a amar, tras cada cabalgar, y la esperanza flota y llega a mi corazón para alcanzar tu amor.

Aunque nadie lo crea, todo el que anda con gato, sea tarde o temprano, tirará sus zarpazos, y ella lo entendía y los tuvo lejos, de la vida mía.

Cuando quise ver ya estaba dormido y al despertar no sabía si lo que había dicho lo había pronunciado, lo había dicho en vela, o lo había soñado, obnubilado me encaminé al baño, y con un duchazo me reconforté, y me fui a la escuela, y allí la regué.

Las dos chicas mías, allí me esperaban, y con simpatía a las dos besé y en ambas mejillas, un beso plantee, un deleite extraño experimenté luego entramos al aula y me les escabullé.

Conté a Luz del Alba, y sumé a Lizet y luego conté a la Yamileth, con esta chiquita me sumaban tres, en la misma escuela sin saber qué hacer, ellas eran productos de mi exploración, en el internet.

¡Ay, Dios mío! "El que mucho abarca poco aprieta, se llegó el momento de la definición y un día Lizet y Yamileth, se me adelantaron y por ambos brazos, las dos me jalaron, las dos se decían:

----- "El mocito es mío, y llegó Luz del Alba y a las dos tronó, mientras le agregaba:

----- Es mucho más mío, pues come en mis manos, de lo que le traigo.

Ante tal argucia se formó un dilema y no estaba claro cuál sería de ellas, me cambie de escuela corriendo a sus sombras, mas por internet siempre las encontré.

Pues de aquella tres, Luz del Alba fue mi ángel con la que quedé, a las otras dos, no la volví a ver, pero Yamileth, siempre me hostigaba por el internet, hasta que la Luz, me atrapó otra vez y me cantó claro para que entendiera que no era relajo: Quiero besar tu piel con mi cariño, quiero que nunca olvide que estoy contigo, que regresé a este mundo porque tu cariño estas en mi destino,

Al escucharla hablar de tal manera, entendí que de cualquier forma o circunstancia, la vida en este planeta, no era diferente a los dictámenes establecidos, "si siembras flores, cosecharás jardines, si siembras ortigas, tendrás culebrilla".

Se movía una negra con grata cadencia, sus pasos eran firmes, con benevolencia, su desplazamiento, traía turbulencia, y sus movimientos, eran todas ciencias, y el matiz de su esplendor, generaba amor.

Los chicos del barrio, desojaban flores, lanzadas a sus pasos, rindiéndole honores, ¡Cuánto disfrutaban de aquella cadencia, esos corazones, que rendían honores!

Aunque parezca increíble todo se manifestará en función de lo que escogiste, o lo que te asignaron, pero el libre albedrío te darás, las respuestas de tus acciones, si con cuchillo matas con cuchillo será matado, por eso acertadamente, lo expresó Jesús:

"No hagas a tu prójimo lo que no quieres que te hagan a ti."

Todo eso lo sabemos en el espíritu, pero la cobertura del espíritu que es el cuerpo de carne, nos bloquea, y nos hace olvidar todo lo que de hecho conocemos porque es parte de lo que hemos sido, por eso la práctica de las pruebas se generan partiendo de lo que ya conocemos, desde el aprendizaje de lo que ya sabemos en el espíritu, y en los nuevos códigos a descifrar en el libre albedrio. Así que es bueno entender que los caminos del infierno están llenos de flores, aunque se ignore, si es por la muerte, o por los amores, asi que si tú conoces la malicia del malvado, simplemente hazle saber, que su maldad no vas a prosperar.

Hoy renazco en la salud y la juventud, en el sendero del consuelo, en el nombre del imperecedero amor, hoy y por siempre, hasta la eternidad, manifiesto la divinidad porque soy portador de ella, y estoy saludable y en salud, y sigo eternizado en la juventud, en el nombre, del yo soy el que yo soy, amen, amen.

Soy opulento, y la riqueza se manifiesta y permanece en mi espíritu para materialisarla en su esencia en la tierra, asi responde la eterna riqueza de mi alma y mi vida , y la plena salud de mi cuerpo mi espíritu y mi alma ,hoy, mañana y siempre y por toda la eternidad, amen, amen, amen..

Ha pasado el tiempo y seguimos chateando y en la misma tómbola, seguimos girando.

Ahora cumplí los veintisiete y me imagino que Luz, Lizet y Yamileth me andan merodeando en el catálogo existencial con edades similares o graduadas o casadas o con hijos que han edificados sus caminos, ¿quien sabe cuán grato o ingrato ha sido el destino para aquellas chicas que vi en mi camino.

CAPITULO III

"QUE CADA CUAL APORTE SEGÚN SU CAPACIDAD,

Y QUE RECIBA SEGÚN SU NECESIDAD".

Siempre puede mas el poder de Dios, que las malas intenciones de los hombres.

La eternidad de Dios, perdura mas, las condiciones de l hombre.

AVENTUREROS

Ahora tengo menos tiempo, tengo que trabajar porque ya mis padres no me mantienen y aunque aún vivo con ellos, ahora debo entregarme a producir para cooperar con los gastos de la casa,, no obstante eso no me impide, sacar tiempo para chatear, sobre todo cuando es aceptado trabajar desde casa por computadora, cuando me levanto de qi quehacer, es como si fuera un zombi con la mirada perdida, mi padre a veces se sorprende cuando ves que ejerzo fuerza sobre los parpados para que los ojos se me abran, jaja.

Los jóvenes de antes pensaban en bailar, ahora es diferente, ahora bailamos después que chateamos pero aun así, he seguido sufriendo decepciones, hace una semana había conocido otra chica que decidió encontrarse conmigo, me citó al "Tryon park " y como el parque era visible fui sin preocupación alguna, resultó ser que cuando me aproximaba vi que la chica que se hacía llamar chula, esperaba escondida detrás de un árbol, acechaba mi llegada hasta que tuvo segura de que yo era la imagen real que ella veía en el computador, un par de minutos después apareció dispuesta a todo , al grado que hasta un beso me sonó, pero me percaté de que chula tenía un problema estomacal y era portadora de un hedor bucal difícil de tolerar.

Para mi aquello se convirtió en una especie de dilema radical, la intenté rechazar, pero ella avanzaba como una fiera dispuesta a degustar un manjar.

Mas yo, no quería que se sintiera mal y aunque nunca acostumbro a tomar, me tomé un tequila que por poco me traba el paladar, todo por no ofenderla, ya habíamos subido a un hotel, donde ella me encueró y me llaveó, casi me ahoga con su lengua, y yo con un asco, sacrificándome como un cristo, todo por no ofenderla diciéndole que necesitaba un lavado estomacal porque era portadora de un veneno que heria mi paladar y mataba con desvelo emocional.

Después del acto nos sentamos y hablamos, le dije que yo había visto cómo ella se escondía detrás de un árbol en el parque, le pregunté ¿por qué lo hizo?

Entonces me respondió que antes de reunirse necesitaba verificar si yo era buen mozo y si le iba a gustar.

Duró cerca de una semana merodeándome, y yo evadiéndola, loco por quitármela de encima, hasta que le dije que era casado y que me iba a otro estado a reunirme con mi esposa, solo así, pude quitármela de encima, y aproveché para bloquearla, y nunca más volví a saber de ella.

CAPITULO IV

Lo natural es fuerza real,

yo no le temo a lo artificial,

porque es la sombra de lo natural,

es mas seguro honrar a una mujer original,

que a un escáner artificial,

por eso al chatear tomo mis medidas

, para no peligrar con lo artificial

CONFUSIO'N

Todo lo indicado quedó señalado, pero el internet me estaba encaminando a una condición de locura, de la que si no despertaba a tiempo, me conduciría directo a una fosa común, porque era tan terrible lo que generaba el chateo, que salíamos de una y no encaminábamos a otra.

Volví a conocer a otra belleza que parecía mujer, digo que parecía mujer porque aquella me había convocado a una cita, y sin mucho preámbulo le soplé unos que otros besos al grado de llevarla al clímax y cuando decidimos subir al hotel donde aspiraba a castigarla me causó una de las peores decepciones, pues al desnudarse resultó ser un homosexual disfrazado de mujer, con más fuerza que un gorila y una palanca de camión que causó desilusión , avanzó sobre mi sin contemplación le dije que se detuviera, que lo que había era un mal entendido porque aunque yo no tenía nada contra su orientación sexual, yo no era de ahí , y por lo tanto era mejor que se tranquilizara porque a mí no me gustaban los hombres, los pájaros, perdón, quise decir los "gays", pero el no hizo caso y seguía avanzando sobre mí, y cuando se acercó un poco más, vi su sonrisa de pervertido en la cara de la corrupción y sin ser violento me vi precisado a recurrir a la violencia, y gracias a Dios, que mientras estudiaba la intermedia asistía a un programa de karate, después de la escuela, viéndome precisado a aplicar los conocimientos adquiridos en ese entonces, para defenderme del intento de violación, de aquel gorila en éxtasis, le coloqué un golpe bajo que lo dejó doblado, ahogado emitiendo un grito de hiena herida, y como había sido un encuentro casual, pude dejar el lugar sin mayores pormenores, luego llame al 911 de un teléfono público y le di la dirección sin identificarme, para que la policía asistiera con una ambulancia, por si lo hubiese golpeado de gravedad.

Después de todas estas pruebas de amarguras por andar de chateador,

he decidido tomar medidas radicales, porque aún ignoro cómo no me percaté a tiempo que "Chepa" , que así se hacía llamar el muy perverso, era un homosexual.

Todo esto me enseñó, que no siempre el internet era seguro, pues muchas personas recurrían a él para engañar, robar y confundir.

Conocí una señora que había perdido gran parte de sus ahorros chateando con alguien que usaba la foto de cuando tenía veinte años y había cumplido 65, otro que se hacía pasar por alguien que había muerto, y que escaneaba la foto del difunto para usurpar su personalidad frente a sus víctimas de chateo, digo victimas porque lo hacía con varios al mismo tiempo buscando sacarle dinero a través del engaño, persiguiendo la manera de enamorar a sus víctimas, ya fueran hombres o mujeres, a fin de hacerlas soltar el dinero a la hora del reclamo, porque antes de llegar a tal nivel lo enamoraban de una forma tan sutil que a la hora de reclamarle el regalo, la víctima estaba tan entregada que no tenía forma de negarse a entregar sus ahorros a tales facinerosos.

Y pensé en la bondad de Dios, hasta en nuestros pecados, y me surgió el entendimiento, por lo mismo yo pensé en la necesidad de que los padres vigilaran a sus hijos por los peligros que encerraban las herramientas cibernéticas.

Porque un lapso de confianza, es una pauta de esperanza, es verdad que los hijos quieren comunicarse, si sus hijos se expresan, la sociedad se endereza pero no frente a esta herramienta donde se necesita madurez para no caer.

Es mejor dejarlo hablar en la casa del señor, allí está la redención, el padre nos da su amor y su plena salvación.

Sé que ninguno de los creyentes que como yo ha vivido por la fe, entenderán y abrirán su corazón a la superación, como también sé que aquellos que desconocen la dialéctica existencial tal vez, pretendan juzgarme, sin embargo les advierto que no deben olvidar que de todo hay en la viña del señor, y como bien lo expresara Jesús ante el acontecimiento de la samaritana," el que esté libre de culpa, que lance la primera piedra" pero por encima de todo se hace necesario el auto control, para evitar el dolor, el engaño y la traición.

Siempre que la tentación arrastra a mi corazón a censurar o juzgar al prójimo, recuerdo a Saulo de tarso, quien en esa era de las andanzas de Jesús en la tierra, se había dedicado a perseguir cristianos, sin embargo en ese estado de ignorancia él había hecho todo lo que hizo para reforzar el testimonio de su ministerio, para después de cumplir tal propósito y en el tiempo indicado llegara a producirse en él, un cambio que lo había conducido a defender y a dar la vida por todo aquello que había perseguido, como si nada fuera verdad ni mentira.

Así, pues, a pesar de todas las pruebas atravesadas y superadas, he estado preparado en mi esperanza, y glorificado en mi causa, con la fe que me hace ver, todo lo que he de saber, para indicarle a mi pueblo, lo que ellos deben creer.

No debemos ignorar que el dinero es un afrodisiaco que induce a alguna mujeres a alcanzar el orgasmo, aun sin sentir amor, pero además debemos entender, que de todo hay en la viña del señor.

Eres causa y redención del efecto del amor, eres calmante de amor para el inquieto dolor, espíritu y fortaleza que cura cualquier tristeza.

Eres el padre creador que ha reintegrado mi honor, eres mi divinidad, que se gloria en la verdad que todo el que te conozca obtendrá, la libertar.

CAPITULO V

No hay mejor consejero que el tiempo

Y en realidad, el tiempo trae modificación

Pero los árboles, son, como son.

EL ALMA SILENCIOSA

Gracias padre por tu misericordia, mi alma se ennoblece con tu espíritu, y mi corazón late al ritmo de tu luz, líbrame de la adición del corazón, porque las redes tienen mi control, las huellas causadas por los años, aun no me han dejado deshacerme del entusiasmo de mis inquietudes amorosas, de mi permanencia callada y silenciosa, simplemente aguardando la inquietud que solía generarme su presencia.

Y después de percatarme de que los cobardes suelen darse fuerza diciendo a su favor, las cosas positivas que no son.

Ahora hoy me percibo como un valiente con el alma silenciosa.

Oh, ¿Dije alma silenciosa?

Si, y con valentía reitero:

EL A LMA SILENCIOSA

Y le digo:

 No he que esté obsesionado contigo, pero yo he descubierto que eres mi gran cariño.

Y si tú me quisieras yo certificaría que tú eres mi camino.

En cada despertar sonreiré, viéndome en tus pupilas

radiante y encendidas.

Mirando en cada huella del camino, que tú eres mi destino.

Oh, alma silenciosa, encarnada en un cuerpo de diosa.

Oh, verdad que seduce, que brilla inmaculada antes la luces.

Dejas que yo me mires en tu mirada.

Dejas que yo te estreche entre mis brazos.

Quiero certificar que en todos los reflejos del amor, eres mi corazón.

Mi gran jardín de amor,

De todas las estelas enmarcadas, eres el cariño puro de mi amada.

Dios provee todo, nada falta, todo está, Dios da la gloria y la verdad

Otorga paz.

Él es la luz y la salud, él es bondad y felicidad.

Y así, seguí elogiando a Dios, y nuevamente se presentó una prueba más, de esas que traía asignada la vida,

En esta ocasión se llamaba Corning, solía aparecerse cuando algo quería o cuando una misión de obtener información sobre mí, le era asignada por grupos integrados por seres necios y emociónales de la comunidad,

Era una chica bella dueña de una frialdad, que daba la impresión que no estaba viva, ni se quería ni ella misma.

Sonreía por costumbre, no por circunstancia, y lucia más joven de lo que era, pero, como la puerta del infierno estaban adornada de flores, para que los que ignoraban el matiz de la primavera se confundieran y entraran a quemarse, no tendríamos que dudar que era una mandadera de tercera que acababa haciendo lo que el que más le pagara sugiriera, era necesario estar despierto, para que no te metiera al medio.

En realidad, la vida se había tornado confundida, y eran pocos los seres que generaran confianza, todos andaban detrás de algo, y quien menos tu pensara que lo haría, por unas pocas monedas te vendia.

Por nada se te hacia un problema, y cuando creía que seria beneficiado, una sorpresa se te dabas cuando lo que tu esperaba no te llegaba:

El problema de la mafia contextual, era que ellos se ofrecían para reclamar, y luego lo que era tuyo no te querían entregar.

Y daba la impresión de que Corning era una herramienta de aquellos grupos de falsos profetas que se escudaban detrás de organizaciones y religiones para manipular confundir y obtener información para venderla a una tercera persona.

Solía recurrir a varios mecanismos como invitarte a la iglesia. A ir de viaje con ella, y cuando ya se había posesionado para concebir y obtener el propósito de su encargo, desaparecía y no respondía el teléfono.

En una ocasión me invitó a acompañarla a un lugar junto a su madre y acudí, como estaba próximo al lugar de mis actividades laborales, quise aprovechar para abrir mi buzón y sacar mi cartas y como yo conducía , yendo ella a mi lado se percató que había una carta que contenía información de su interés, ella pensó que yo no me había percatado que esa carta había llegado y pensando que pasaría desapercibida, se apoderó de ella aprovechando que yo había entrado a la óptica que estaba al lado del correo, yo había llevado la información del seguro médico en las manos para ordenar unos lentes de lectura, y al llegar revisé y vi que la carta no estaba le pregunté y me fingió como una actriz, que ella ni su madre sabían nada de esa carta, regresé a la óptica pero allá me dijeron que solo yo le había llevado el seguro médico más, ningún otro documento adicional.

Era verdad que el ignorante vive a merced del malicioso, el malicioso busca la forma de manipularlo para la auto-destrucción, no obstante el sabio, buscaba despertarlo para la auto-formación.

Es como el estúpido y el malicioso, que traían un definido parecido con una marcada diferencia, que consistía en que el estúpido vivía confundido, y el malicioso creía que sabía, pero ninguno de los dos, podía manipular al sabio.

Debo señalar que para ese entonces, grupos inescrupulosos de la comunidad que no me tenían bien visto, en su afán de justificar robos y fraudes contra mí, solían pagar muy bien los sobornos a aquellos que se movieran conmigo a cualquier lado, fingiendo ser mis amigos, entonces Corning le dijo a su madre con cierta ironía refiriéndose a mí:

----- Mira, el perdió una carta, la anda buscando y no la encuentra, a mí me pasa lo mismo a veces pierdo documentos y no lo encuentro y después aparecen.

Su madre guardó silencio al tiempo que me dispensaba una sonrisa tímida.

Al otro día era domingo y habíamos salido de la iglesia y para justificar su descaro, nuevamente como lo había hecho el día anterior se dirigió a su madre en un tono apasionado:

----- Mamá, tú no te imaginas cuanto quiero yo a este hombre----
Dijo.

.La madre volvió a sonreír en silencio, mientras me daba una mirada compasiva.

Ciertamente, el mundo vivía tan confundido que eran muchos los que creían que los países desarrollados eran las mecas de las dadivas, en realidad, nada era casual, ya que el hombre escogía, o se le asignaba la vida que iba a vivir y hasta la forma que iba a morir, por lo mismo, tampoco podían evitarse las personas que iban a interactuar con uno, a lo largo de la vida, por lo que Corning se iba y volvia cuando quería y aunque en mi libre albedrio intentara deshacerme de ella, no podía, porque ella tenía un estilo descarado de comportarse, que a mí me parecía un chiste, y siempre que aparecía volvía a aceptarla como si nada hubiese sucedido, aun sabiendo yo lo que buscaba, y el propósito de su misión.

Corning me había dicho que me acompañaría ese día a un lugar, pero luego había cambiado de opinión diciéndome que iría a otro lugar donde le harían un reconocimiento y le entregarían un trofeo, y en ese instante no pensé en otra cosa que no fuera que la iban a reconocer por haberse apoderado de una carta de interés que yo había extraviado, y que yo entendí que ella la había robado para los que le habían encomendado la misión de sacarme información, pero también yo sabía auto controlarme y mostrarme con diplomacia, me mostré indiferente y seguimos andando como si nada fuera .

Mientras caminábamos alegó que la rusa de la óptica estaba celosa de ella y que miró mal a su madre que también la acompañó al entrar a la óptica,

Me hizo tal confesión como si buscara una justificación para que no volviéramos a vernos, de forma tal que habían hecho una cita para hacerse lentes y me comunicó la óptica que ellas no fueron.

Pero eso había acontecido después de ese día en que se generó lo que le estoy contando, porque después de salir de la iglesia, degustamos unos tacos y luego su madre que tenía que resolver algunas cosas, se fue por otro camino, mientras Corning y yo nos movíamos hacia donde estaba parqueado el carro, cuando ya estábamos en el carro debido a que frecuentemente me había dado quejas de una compañera de oficio que tenía, y en ese momento había vuelto a hacerlo se me ocurrió decirle:

---- Yo no sé si es que a ti te gusta usar a los de más, o es que te gusta que te usen, porque no entiendo cómo es que una persona como tú, con tantos años en la calle sobreviviendo como Dios te lo permite, te dejas someter del otro sin la argucia de reclamar tus derechos.--- Le dije, ella asintió con la cabeza pero no dijo nada.

Entonces quiso que la llevara a su casa, pero como ya yo iba tarde para donde ella se había comprometido a acompañarme, opté porque ella tomara el autobús que la iba a dejar en la puerta de su casa, de tal forma que hasta la pasee de la parada y ella tuvo que retroceder, entonces opté por llamarla más tarde, me cogió la llamada y me dijo, que aún estaba en el festejo, que me llamaría mas tarde cuando saliera de la fiesta, pero no llamó, dos días después volví a llamarla y no me respondió, pero me envió un video donde el pastor me invitaba a un culto, pero como ella fue la que me había llevado a esa congregación y había confesado frente al pastor tener propósito conmigo, y no me llamó para explicarme lo que había acontecido, entendí que había enviado el video por remordimiento de conciencia, debido a que había cruzado el puente antes de llegar al rio.

CAPITULO VI

Estamos en un plano donde hay que estar fortalecido,

para librarse de la malicia y la maldad de los perdidos,

en su ignorancia oran por mirarte herido,

ignorando que no forjan tu destino.

HOY VINE A QUERERTE

La vida no se detenía y el amor cibernético sobresalía, y yo siempre que me encontraba de frente le hablaba sin precedente recreando mi armonía frente a lo que ella sentía y decía:

Mi amor, eres la fuerza de mi alma, te busqué por varios años como prenda de mi amor, y solo con tu presencia se enciendes mi corazón. Y nada más para ver, la sonrisa de tu piel, me aproximare a tu ser, y buscaré tu querer, tú sigues siendo la esencia que me mueve en tu presencia.

Y así tras de un semblante definido, y un suspiro retenido, me indicaban que eras tú el amor que yo he querido

Entonces ella consagrada se esmeraba y me decía sin porfía:

Estoy harta de los hombres pero a ti voy a comerte, no importa que me indigeste.

Sentí que me acongojé e intenté gesticular, y sin que me dejara hablar esbozó sin contemplar:

Los hombres de este plano, se creen empoderados, pero en el otro plano, al verme cara a cara, el alma se le escarba.

Y no te me sonrojes, he sido prisionera en las rejas de tu piel, aguardando el momento de romper el silencio…. Mis hijos, me hablas de mis hijos?... Es verdad que yo quiero a mis hijos, pero más amo a Dios, que me lo concedió.

Hoy Salí de tu piel, y hoy he vuelto a querer, porque el amor, es la coraza de la protección.

Entonces con mis ojos llorosos le afirmé:

----- He venido a quererte muy solemnemente.

Si tu no me entiendes, pensaré que me mientes.

Mi cariño es tierno, algo independiente.

No vayas a jadear, te quiero besar.

Voy a demostrar que te he vuelto a amar.

Te veo como a un verso en mi paladar.

Y quiero intentar, tu boca besar.

Estoy convencido que tú eres mi abrigo.

Y si me motiva voy a estar contigo.

Y tu gran amor es el aderezo.

Que siempre me induce, a besar tus besos.

Eres ser sublime de la creación.

A quien Dios aportó, belleza y amor.

Ella me expresó:

----- acércate más, y dejaste amar.

Y dije:

-----Ahora soy la braza de esta fogata.

Que sin mi presencia, carece de llamas.

Y, si faltan llamas, el fuego se apaga.

Y me discurseó:

----- El padre redefine el camino.

 A que al transitar yo.

Me encuentres contigo.

Pues la virtud que nos aportó la luz.

Hoy visualizo, que la guardas tú.

 Y por toda mi vida tú has sido mi guarida.

Como un alma nacida.

Que ha venido a este mundo a reforzar mi vida.

Y le agregué:

---- El propósito de Dios ya él lo definió.

Y en la misión de la liberación.

Él nos escogió a los dos.

Y nos entregó la chispa del amor.

Para glorificarse en nuestra acción.

Un rayo con una brillantez se aproximó, algo se generaba en la naturaleza, las calles que estaban oscuras se iluminaron y las mujeres fijaron su vista en mí, y yo empecé a verme como un ser a quien la paciencia se le intensificaba, y cuando decían algo que envolvía algún logro personal, lo expresaban en voz alta con la intensión de ser oídas, o se carcajeaban presumiendo o riendo con estruendo, como para que el mundo supiera que el poder estaba en ellas.

Más yo pensaba: " Esa mujer me tiene dormido.

Me quiere besar hasta en el ombligo.

Quiero un chile verde como jalapeño.

A ver si despierto de mi dulce sueño.

 Luego los que estaban de lejos estiraban las orejas, buscando escuchar algo de lo que se hablaba, porque los que lograban una información a través de una fuente, se impresionaban y hasta se vanagloriaban, pero quienes sabían que antes de esa fuente todo estaba, seguían el desarrollo de la información con moderación, a sabiendas que nada era nuevo bajo el sol.

Antes de detenerse frente a lo que estaba llamado a ser, había recorrido el camino de muchas religiones, e inclusive, había interactuado entre sectas que creían tener la verdad procesada para la salvación del mundo, sin embargo todo lo acontecido en ella, se venía dando de forma natural. Ella iba donde tenía que ir, hacia lo que tenía que hacer, y le sucedía lo que tenía que sucederle, por eso estaba convencida de que la mujer era el sexo fuerte.

Yo entendí su sensatez, la manera educada en que procedía, la decencia frente al miedo, porque ella había ensayado todo y no había sucumbido en nada, entonces decidió Dios, que ella debía ser el canal para poblar al mundo, y yo asumí la disposición de ser su servidor, y la elogié así:

----- Luz del universo, luz que otorga vida.

Todo lo que brilla, tu amor lo encarrila.

Porque tú otorgas la paz.

Porque tú das la bondad.

Eres la fuente ferviente.

Que otorgas vida por siempre.

Entonces ella habló como Dios y dijo:

No permitan que la maldad.

Crezca en sus corazones.

Porque si se dejan arropar de la maldad.

Se auto – maldecirán.

Yo escuché y pensé que las promesas del cielo siempre se cumplen porque el pensamiento recrea y redefine el universo, y ella había hablado como una diosa, y por eso le agregué:

La luz se manifiesta y brilla, con eficiencia.

Muy dentro de la conciencia.

La sociedad se despierta.

Se impondrá con fortaleza.

Y nunca más los tiranos.

Se trataran como hermanos.

Pero tampoco en verdad.

Danzaran el mismo vals.

Siempre que alguien llegaba en el nombre de Dios, él lo pulía a tales niveles que lo inducia a rozar el piso, para que cuando forjara su testimonio entendiera el porqué del propósito, de dónde fue sacado y cómo se debía hacer el uso del poder en el marco de la cuota del libre albedrio.

Pero nada impedía que ella se mantuviera extasiada en el platonismo de su ilusión y aun chateando pensaba en él, hasta alcanzar un orgasmo impuro.

En el renacer de la conciencia, y en la pauta de la esperanza, el serviría como el último para ser el primero.

La esencia de su ser reiteraría su presencia, en cualquier circunstancia, él era el que era y él lo sabía.

Había venido sencillamente apasionado y consagrado a un quehacer que despierta e ilusiona exasperando y revolucionando la conciencia del ser,

Amaba la lectura porque creía que la literatura era la única fémina que le tocaría el corazón, sin tanto discutir su manera de amar, y se le alojaba en el alma forjando un pedestal.

Entonces solía teorizar para ser comprendido:

----- Los libros borran los malestares y desaprobaciones, porque el ego del hombre no entiende que lo que parece mal, es bien, y que el espíritu contrario a las religiones, a eso que llaman pecado, es simple experiencia que desarticula el prejuicio social e induce a la salvación global.

Ella se veía inmutada, por la forma profunda de su decir, más él, la amonestaba, en una clara y definida disertación diciéndole:

----- No me atropelles con tu mirada.

Porque me hieres en el corazón.

Solo pensarte en la distancia.

Me reconstruye coplas de amor.

Entonces, él, refiriéndose a ella, afirmó para ser oído:

Ella me miraba y yo la consentía.

Con una sonrisa tenía el alma mía.

Trémulo su cuerpo, cibia su mirada.

Al centro del mundo, había una alborada.

La noche ya estaba en la madrugada.

Más yo pernocté, y la contemplé.

Su mirada estaba un poco extasiada.

Algo ensimismado, quise hasta besarla.

Los rayos del sol, me dieron valor.

Y tras su misterio, me entregó su amor.

Entonces nos miramos frente a frente y percibimos las huellas del silencio, sin embargo algo me indujo a decirle:

Te vislumbré un instante.

Y en la silueta de tu esfinge.

Me abrazó la ternura de tu devoción.

Y aquel gesto tocó mi corazón.

Ella me respondió trémula de emoción:

Yo traigo amor, no estoy dormida.

Sé muy bien que servir a los de arriba.

Es ultrajar a los de abajo.

Los traidores de la cotidianidad.

No han insistido en tener mi amistad.

Pues sus conciencias no los dejan en paz.

Han querido entregarme por nada.

Pues sus prebendas es un malestar.

Y después de aceptarlas.

Se quieren suicidar.

Y como judas, no pueden disfrutar.

Yo no pude callarme y le replique:

----- Qué dura es la ignorancia.

Que induce a la maldad.

Por prebendas malvadas.

Han vendido su adorable paz.

Ella me interrumpió y alegó:

Para ellos todo fue.

Como una adorable tentación.

Que motivó al corazón.

El monstruo no profanará al Ángel.

Es orden del divino.

Es tierna, su vida, grata maravilla.

Yo me percaté que ella se puso a jugar con fuego, y después quiso soplar la brasa y era demasiado tarde, ya él se había enamorado, negándose a echarla a un lado.

Entonces entendí, que nadie es culpable porque la vida se escoge y agregué, y expliqué que el hombre escogía la vida que iba a vivir antes de nacer, según el nivel karmático que tuviera su espíritu, así sería la misión de esta vida terrenal, y de acuerdo a la cordura en el ejercicio del libre albedrio, el ser, regresaba a resolver el karma acumulado de otras vidas, si no logró resolverse en el plano sublime o no quedó atrapado en el infrarrojo o el segundo plano donde permanecían las almas atrapadas en la frontera entre la tierra y el plano sublime.

Entonces ella quería mostrarme su poder de disertación, e interrumpiéndome de nuevo me dijo:

------ Tu sabes que el mejor resultado al expandir la voz, seria servir a Dios, aunque de todo hay en la viña del señor, sin poder entender la manera de sobrevivencia, la gente se auto – cuestiona sin entender que soy suplida en el misterio de tu amor.

A pesar de la persecución en la tribulación el olor de alguno dejaba la impresión del sabor.

De todos modos, quien tiene a Dios, no necesita refugiarse en la basura para darle respuesta a la vida, desconocer a Dios, es negarse a sí mismo, porque habiendo sido creado a su imagen y semejanza, no podría dudarse que su esencia mora en nosotros, y por la armonía de la fe, te expreso mi querer.

Entonces tuve que replicarle:

----- En realidad, estoy sorprendido contigo, porque es más y mejor tu cariño que tu ambición, en el libre albedrio, todos aman,y anhelan tener dinero, pero no se explicaban ¿ cómo Dios permitía que un grupito lo tuviera todo, y los pobres no tuvieran nada?

Entonces pensé que era necesario predicar lo mismo que Jesús, pero no en parábola sino en expresión directa que permitiera el despertar de todos los que pudieran escuchar, para ir proyectando y anunciando la segunda venida, para ser la continuación del proyecto de salvación, porque el chateo estaba zombificando a la humanidad, y era necesario inmolarse a los niveles de Jesús, para salvar al género humano, y me sentí como si hubiera venido a liberar, pero además, para que el hombre entendiera el porqué de la desigualdad social, y para que surgieran los rebeldes frente a sus congéneres, porque la conciencia social se ubicaba en ser mansos antes los jefes, siempre presto a servir a los de arriba e inclinado a aplastar a los de abajo.

Después de aquel intercambio radical, ella se serenó, entendiendo la necesidad de que se grabara en la conciencia de las futuras generaciones, cómo había cambiado el plano, todo lo que sale de uno, regresa a uno, nunca hubo casualidades, sino causalidades, el hombre en lo adelante, recibiría lo que diera, pero las computadoras en un momento del trayecto, se habían vueltos con paciencia contra el hombre, y sin tener que recurrir a la violencia, habían ido sometiéndolo a todos y ahora se estaban zombificandos, entonces entendí que yo no necesitaba ser violento para hacer valer mi derecho, pero yo sabía que al sistema le encantaba tener, a quien decirle lo que debía hacer, y la cibernética era un mecanismo para lograrlo, porque la tecnología guiaba al hombre sin dejarlo pensar, se le había creado una jaula de oro para que aquel no quisiera escapar.

CAPITULO VII

En el camino ya trillado.

se vislumbra adónde va la vía que se ha de transitar,

y la verdad es que la fe es como un radar,

que te muestra el lugar donde has llegar.

LA FLOR DEL SOL

Bostezaba sobre el computador cuando mi padre me sorprendió chateando con la flor, son recuerdos sorprendentes, en ese entonces tenía yo 17 años cuando la flor decidió darme una cátedra de amor, cuando mi padre se aproximó, no me dio tiempo a cubrir la pantalla del computador, ni la flor a cubrirse los pezones, que estaban como una pera que a quien fuera le hubiera gustado engullirlo y degustarlo, al mirar vio que la flor mostraba sus pechos como la venus, aquella diosa romana del amor, la belleza y la fertilidad, y no pude evitar que él lo viera porque la flor había sido sorprendida exhibiendo su prenda

, pero cuando volvió en ella, instantáneamente corrió a cubrirse abandonando el frente de la pantalla, yo le sonreí en silencio y sin moverme del asiento él buscando no traumarme manejó el incidente con cierta diplomacia, me puso una mano en el hombro y me dijo:

siento mucho interrumpirte en tu bandidaje, pero el hombre de principio no se pone en eso, y aunque ella tenga tu edad, ambos son menores, espera crecer por qué el sexo desorganizado es algo serio y caótico sin que llegue a ser un relajo, no lo vuelvas a hacer en esa condición, como te sorprendí yo, puede venir tu hermana y verte, y ese no es el mejor ejemplo porque ella es menor que tú, y ella te admira mucho, no vaya ella a pensar que tú eres un bandido y que si tú lo hace, ella también puede hacerlo.----- Me enfatizó.

Yo algo avergonzado le dije:

------ Perdóname papá, eso no volverá a pasar.

------ Está bien, diles a ella, que no se siga prestando para eso, que ella es una jovencita menor de edad, y si sus padres la sorprenden, eso puede causar un serio problema.------ Específicó.

------ Lo siento papá, se lo diré.

Esa noche me sentía decepcionado y me fui a acostar temprano, y desde entonces siempre que una de esas chateadoras intentaba desnudarse, yo la paraba en seco, y le decía:

------ No, por favor no hagas eso, yo no vivo solo y no quiero que mi hermana me sorprenda.

Entonces se tranquilizaba y hablábamos de otros temas como cuando iríamos a pasear, o si nos alcanzaría el tiempo para ir al cine y luego ir a cenar, pero como la flor era muy bromita me decía:

----- Bello mío, tiempo hay de más, lo que falta es dinero----- Me decía y yo me echaba a reír.

como la flor era de un sector aledaño, a donde yo vivía, estábamos separados por cinco bloques y cuando queríamos vernos nos hablábamos por teléfono y nos juntábamos donde acordáramos, además íbamos a escuelas diferentes, y eso me facilitaba la movida, yo estaba menos estresado y cuando yo la veía le decía:

----- Que dice la flor del sol.

En ternura la mejor.

Me genera una pasión que cuida mi corazón.

 por eso te quiero tanto que tú eres mi galardón.

La flor del sol, la flor del sol.

Tiene gracia y trae amor.

Y en todas las estaciones, ella es glorificación.

Y es que porta la energía del poder del creador.

Ella es graciosa y hermosa, y trae toda la bondad.

De esa que implanta la gloria, también la felicidad.

No siempre hay comparación.

Cuando nos muestra su amor.

Ella es un tierno esplendor que emana del corazón.

Por eso cuando te veo, siento gracia y devoción.

Porque es bella tu presencia, yo pienso en la flor del sol.

Brilla mi niña querida, con gracia de la mejor.

 Brilla por siempre mi reina, con el tono del amor.

Yo guardo tierna impresión, dentro de mi corazón.

Y lo hago siempre pensando, que eres una flor del sol.

Bella es la naturaleza, bella por gracia de amor.

Yo me adhiero a la existencia, de tan grata creación.

Le expresé, y al concluir corrió hacia mí, se me colgó del cuello y llorando me decía, te amo, te amo, eres mi poeta y por siempre soy tuya.

Y yo respondía: Gracias mi amor, yo también soy tuyo.

 Entonces corría a colgarse en mi cuello, un instante después cuando ya estaba en tierra, yo la abrazaba apretada a mi pecho, ella se sentía exprimida, se hamaqueaba de un lado a otro y me decía:

------¡ Uhyyyy! Que duro está.------ Yo me reía, y así, de jocosidad en jocosidad venia la felicidad, y le entoné una canción de esas que atraen el amor:

Quiero besar tu piel con mi cariño, quiero que nunca olvides que estoy contigo, que regresé a este mundo por tu cariño,

Entonces, antes que acabara de pronunciarme, me tomó del cuello, me inclinó hacia ella, y me besó. Por primera vez, sentí el sabor a fresa en mi paladar nervioso, porque en un beso, me había entregado la ternura del tiempo.

CAPITULO VIII

Cuando una mujer casada dice que su marido no sirve , ella se está promoviendo como que está disponible, dispuesta a hacer lo posible

LA MUJER DEL PERRO

Chatear te entregas experiencias que muchas veces superan lo insólito, y no puedo negarte que yo las he vivido todas.

Chateando conocí a Karen, y ella fue la impresión que tocoo mi corazón.

Sin duda alguna era el esplendor del mujeron , aunque no debemos dejar de lado que no todo lo que brilla es oro, y no siempre lo que se vende en internet tiene el auténtico valor que se le atribuye.

Pero qué les digo. Ay Dios mío, nos habíamos citados para encontrarnos, y como siempre yo tendía a hacerlo, decidimos encontrarnos en un parque, naturalmente, un parque en un área próximo a donde yo vivía, la había invitado a "Tryon park", frente a Broadway y en los alrededores de la calle Dyckman, y allí apareció ella a la hora indicada, dispuesta a todo, yo andaba manejando y decidí estar en el lugar antes que ella llegara por lo que me parqueé próximo al parque mientras esperaba su llegada, ella viajaba de Queen, pero como yo la tenía visualizada en el perfil, la vi llegar y al hacerlo sacó el celular y me llamó, y al hacerlo yo veía todos sus movimientos me aproximé a ella aun hablándonos y al escucharme tan próximo, miró a su alrededor y entonces descubrió que ya me encontraba frente a ella, cerro el teléfono, se rio y nos dimos un abrazo apasionado, no había duda, ambos nos gustamos, ella era una belleza alta, rubia y de ojos verdes, yo no creía lo que tenía al frente, bien podría afirmar, que era una belleza angelical de la que más y mejor agradaría a mi alma, hicimos química desde el primer momento.

Después de abrazarnos nos besamos en el rostro, estaba feliz de frotar mi piel trigueña sobre su mejilla rosada, en ese mismo instante acordamos ir al cine, caminamos hacia el carro y nos fuimos por la 87 Norte, y nos salimos en la ruta cuatro ,llegamos al cine de Yonkers donde después de asegurar un parqueo procedimos a adquirir roseta de maíz con refrescos, elegimos una película recientemente estrenada y nos centamos en la última fila de atrás, a donde solo la película nos viera a nosotros, no quisiera contarles más, para respetar su integridad, porque pensé que la rubia me saldría con la técnica anglosajona de dos metros de distancia , no, eso no fue así. Me tomó como una hambrienta tomaba a un manjar para engullirlo sin masticarlo, me acaricio y me besó casi hasta sacarme el aire.

Luego hizo una pausa y me preguntó:

------ ¿Te gustas… ¿Te encuentras bien? ----- Me cuestionó.

------ Nunca mejor que ahora.------ Le respondí.

Al escucharme intensificó sus besos y sólo el reflejo de la pantalla, revelaba que dos en uno, allí estaban.

Obviamente, sólo nos percatamos que la proyección había concluido, cuando el encendido de la luz lo anunció.

Desde ese entonces quedamos flechados, ese día la dejé en su casa, me invitó a entrar y la complací con una marcada inconveniencia, desde el primer momento que me asomé a la puerta me encontré con un pastor Alemán que desde que puse un pie dentro de la casa me gruñó de una manera arbitraria, su gruñido era de poco amigo y solo cuando Karen le habló y le dijo que se estuviera quieto, que yo era de la familia, se tranquilizó, de todos modos pasaron varias semanas y siempre que llegaba a la casa me recibía con cierto rencor, pero al Karen hablarle se tranquilizaba, ella se dirigía a él, como si hablara con un hombre y le decía :

------ Rey, qué pasa contigo, ya te dije que te calme, no vamos a estar siempre en lo mismo. ------ Le decía Karen, y rey, que era el nombre por el que se conocía al perro, se echaba a un lado se aplastaba y hacia como que dormitaba.

Habían pasado siete meses y mi novia estaba feliz conmigo, hasta donde yo creía, pero siempre que tenía relaciones sexuales con ella, recurría a mi condón,

A pesar de que ella seguía en su casa y yo en la mía, durante esos siete meses que estuvimos estábamos contentos, ella trabajaba pero a veces también yo, solía ayudarla, ella me dio una llave de su apartamento y algunos días en que yo asistía donde ella, solía llegar temprano, y a veces hasta la sorprendía y le guardaba una receta de chef, fabricada por mí, y a ella le encantaba , hasta que un día en que yo pensé que ella saldría a la misma hora del trabajo, quise llegar más temprano para sorprenderla con una cena exquisita, el sorprendido fui yo, Karen había salido más temprano y estaba acostada en el sofá sin ropa interior y con las piernas abiertas y rey lamiéndole la vagina haciéndole sexo oral, ese fue para mí el trauma más grande acontecido en mi existencia, entonces entendí, ¿por qué? Rey nunca quiso ser amigo mío, estaba celoso, y con razón, yo había ido a invadir su morada, apoderándome de su amada.

------ Ay Dios mío, y ahora qué hago------ Dijo. ---- Espérate Atawalpa, que no es lo que tú crees. ----- Expresó con halito de desesperación.

------ Sí, no es lo que yo creo, sino lo que yo veo, tu siempre has sido la mujer del perro y le fuiste infiel conmigo, ahora entiendo por qué él, nunca quiso ser mi amigo.------ Le respondí, ella quiso alegar pero yo no se lo permití, le entregué su llave y me fui, hasta cortar todo lazo de comunicación con ella, me vi precisado a bloquearla y de ella, no he sabido nada.

¡Qué paradoja! Rey me había desalojado, y en su habitad contextual, allí se quedó reinando.

¡Qué triste malestar el que hoy he de afrontar! deberé asimilar si es que debo chatear, tan diversas experiencias tengo que tolerar, pero tengo conciencia que la vida es la ciencia, donde la tolerancia es parte de la esencia, ¡Que será del vivir sin el sufrir, ya no habría gran motivo para sentir, si el sufrir dejará de existir.

No se valoraría la felicidad, sin experimentar el dolor, que es la base de la lucha por la curación.

El sadismo nos permite entender el masoquismo, así como el calor nos permite saber que se ha ido el frio, la vida nos hace entender cuando llega la muerte ¿qué al fin o al cabo, ha sido el dilema de siempre?.

CAPITULO IX

Ser hombre no es alcanzar

La mayoría de edad y quedarse

A donde está, ser hombre es ganar

Capacidad, aprender a volar y

Cumplir con la humanidad

LAS TROGLODITAS

Quise expresarme de la manera más sutil de la forma en que lo haría un poeta, pero no sé si los poetas se ofendan con mis pretensiones de imitarlos, no sé de qué manera fui a toparme con una Arábica en redes, y así fue, conocí a Jazmín Muhammad, era una hermosa chica musulmana, y chateábamos dentro del marco de la comprensión y el honor pero, por las redes sociales hasta que no se genera un roce físico con una persona donde se pueda ver y estudiar a través de la mirada la inclinación del espíritu y el sentir del corazón, no se puede determinar la reacción antes de la apreciación.

A jazmín yo no la había convocado a un parque como a las de más, ella y yo habíamos acordado encontrarnos en un restaurante de comida rápida donde habíamos degustados unos manjares propio del menú que le hacía competencia a la carne, de todos modos aquel encuentro se perfilaba como una relación equilibrada, pero muchas veces tendemos a confundirnos, y yo no salía de una confusión, y jazmín, el primor que desde el principio percibí como una hermosa flor, rindiendo honor a su nombre, me había resultado una celosa de primera línea.

Aquel romance tan íntegro tendió a dañarse porque me había encontrado en compañía de una cristiana, es decir, Jazmín no sólo resultó celosa, sino también sectaria, ella era miembro de una organización llamada "sombra Negra", los miembros de esa organización habían infiltrado a muchos de sus correligionarios a instituciones departamentales del gobierno, entonces Mohamed que era uno de los dirigente me había invitado a hacerme miembro pero yo no le respondí, no le dije sí, ni no, pero no sé si ustedes se acuerdan de Corning, la chica que en una ocasión me había invitado a la iglesia y que yo pensaba que solo aparecía a buscar información sobre mí para entregársela a sectores interesados en controlarme.

Ese día parece que me seguían y Jazmín y Mohamed me vieron salir de la iglesia cristiana con Corning, lo que acabó resultando suficiente para que aquellos siguieran vigilándome, Mohamed le hizo creer a Jazmín que yo me había acercado a ella para sacarle información para dársela a los cristianos y otro día volví a acompañar a Corning a la iglesia y a la salida nos vieron de nuevo que caminábamos hacia el carro y Jazmín nos amenazó:

----- Te voy a advertir algo que te conviene, aléjate de él, o sufrirás las consecuencias.----- Dijo.

Corning hábilmente la escuchó y desapareció como una espuma, en cambio a mí me dijo, también tu sufrirás por tu estupidez.

Yo no sabía que Jazmín al tener nombre de flor, llegaría a la radicalidad como para enojarse conmigo de la manera en que lo hizo, todo por andar en compañía de otra mujer, yo creía que a ella no le iba a importar esto, ya que ella era musulmana y se decía que en Arabia se permitía que un hombre tuviera

siete mujeres, aunque en realidad, Corning no era más que mi amiga, entre comilla, aunque no tomé en consideración que estábamos en América, en el estado de Nueva York, entonces aprovechó su posición de ejecutiva del Departamento de Vehículos de Motores para vengarse de mí, me mandó a seguir y vio que yo le había entregado un vehículo que tenía a alguien que lo puso a vender en la calle con placa de otro estado y envió a alguien a que vigilara dónde se había parqueado ese vehículo para que cuando el que lo estaba vendiendo intentara moverse en él, produjera un accidente y así sucedió, cuando "Merejo" que así se llamaba el vendedor del carro entró en contacto con ella, lo llamó para montarme una conspiración, el me pidió que por favor que fuera a ayudarlo a mover ese carro que tenía una emergencia y ese día barrerían, entonces pensando en que aunque ya el tenia la responsabilidad del carro yo debía cooperarle, ignorando lo que me tenían preparado me aproxime al lugar donde el necesitaba que se moviera el carro, no me percaté que la persona que ella puso a vigilar el lugar, me estaba siguiendo, entonces puse el carro en doble parqueo, y justamente al momento de salirme, antes que cerrara la puerta apareció el conductor alegre y chocó, entonces como el vehículo estaba en parqueo doble porque ese día tocaba barrer, y además el vehículo no se había vendido por lo que el titulo seguía a mi nombre y entendieron que yo era responsable, pues en combinación con la aseguradora del lagarto que era quien había asegurado ese carro, me suspendieron el seguro, ya que ella había enviado a dos de sus amigas que eran policías, le escribieron tres tiques al carro alegando que el carro no tenía registración, no tenía inspección, ni tenia placa de New York, esa conspiración además de que habían suspendido el seguro, también habían suspendido la licencia de conducir, y tuve que pagar una cuota de doce dólares diario por haber retenido la placa sin seguro por un mes, de manera que sin ser culpable tuve que pagar los tiques, pagar la actualización de la licencia y bajo la promesa de que todo estaría limpio, pero me habían mentido, cuando regresé al departamento de vehículos de motores encontré que hasta una convicción me habían fabricado, mas seis puntos, dos por cada tique, después de dar una serie de explicaciones a otra aseguradora para poder obtener otro seguro, me apareció un aumento descomunal, arbitrario, me pedían mil cuarenta y siete por el supuesto record que me habían hecho, y donde quiera que iba las personas que Jazmín había puesto a seguirme, me localizaban, me habían intervenido el teléfono y estaban enterados a donde quiera que me moviera, usaban un localizador denominado ojos de buey, y luego que estaban enterados a qué lugar entraría, llegaban primero que yo y sobornaban a los encargados de las oficinas para que me obstaculizaran y no pudiera sacar seguro, como era una conspiración buscando inhabilitarme, bloquearon casi todas mis tarjetas de créditos, solo me dejaron una que era sin límite, pero le cambiaron el formato y solo le dejaron quinientos y al momento de pagar como era más de mil dólares en esa ocasión yo andaba con quinientos en efectivo y le pedí que cogieran el efectivo que yo tenía y los de más de la tarjeta, pero como una forma de obstruirme me decía que lo pagaba todo con la tarjeta o todo en efectivo, así estuve de allá para acá y de allí para allá hasta que opté por buscar un préstamo de quinientos cincuenta en efectivo para sacar el seguro pero al otro día cuando tenía el dinero completo en mis manos, se me ocurrió irme a otro lugar sin usar el teléfono, y logré conseguirlo más barato, una forma de salírmele de abajo a las mafias que pululan haciendo delincuencias y violando la ley, en mi contra, en la ciudad de Nueva York.

Esa era la realidad en ese entonces, de las personas que andaban tras del sueño Americano esa condición de quimera, muchas veces en Nueva York, se genera.

Entonces aproveché para enviar una carta a la fiscal general del Estado de New York ese entonces, dejándole saber la importancia de erradicar la delincuencia, decía:

Atención fiscal general de Nueva york, tenemos que despertar.

Sectores infiltrados en el gobierno en New York, están reteniendo las compensaciones legalmente asignadas a víctimas por violaciones de Derechos Humanos, esas víctimas son ubicadas y perseguidas por mafias locales infiltradas en el gobierno y los envían a producir accidentes para encubrir las compensaciones y luego, en complicidad con el seguro hacer creer que las víctimas son culpables en un noventa por ciento aunque tales victimas hayan sido chocadas por detrás.

Después sobornan policías que interactúan dentro de sus propios círculos para que fabriquen tiques a nombre de las víctimas, y al no saber las victimas que tienen esos tiques, no van a corte, ni al departamento de Vehículos de Motores a reclamar lo que se ha de entender que son sus derechos y bajo ese pretexto forzan a las víctimas a aceptar una culpabilidad que ignoran, so pretexto de darle puntos y cancelarle la licencia y el seguro, entre otras penalidades maliciosas como desacreditarlos y hacerlos parecer como los delincuentes que los manipuladores son, para camuflajear las compensaciones y pagar los accidentes provocados con el dinero de las víctimas para los manipuladores quedarse con la mayor parte a través de sus mezquinos fraudes.

Así, pues, que el que tenga miedo que se compre un perro, pero yo soy partidario de que tales bandas de criminales investidos de poder, sean desarticuladas, porque "ya llegó el tiempo de la justicia y los malvados perecerán, no tendrán gloria ni tendrán paz, solo, la muerte los seguirá".

Después de eso, legislaron en favor de la justicia, tratando de que las minorías no siguieran siendo afectadas de la forma inclemente en que habían estado haciéndolo.

Jazmín quiso hacer de aquello borrón y cuenta nueva y comenzar de cero, pero a pesar de que no soy rencoroso yo le pedí que siguiera su camino porque estaba buscando la manera de que el chateo, no trajera más penas.

La bloquee, y no la volví a ver, me mudé del vecindario porque mis padres insistían en que de tantas mujeres que conocía, era bueno que me casara con alguna

"Del agua mansa líbrame Dios, que de la brava, me libro yo", solemos decir cuando nos referimos a personas que llegan como las serpientes arrastrándose en silencio, como si no rompieran un plato, pero con la segunda intención de aquellas que rompen la bajilla entera, tal vez esta condición se le pueda aplicar a Corning, quien a pesar de haberla conocido antes que a Jazmin, encerraba un misterio que la englobaba dentro de las de ese conglomerado.

Resultó ser una especie de persona carentes de credibilidad, de manera que un día decía una cosa y otro día otra, a tal grado que yo estaba sorprendido de su comportamiento, de manera que llegue a pensar que era como "la gatita de Maria Ramos que tiraba la piedra y escondia las manos", y defini mi creencia al confirmar que era de "las que vendia a quien fuera, y lo ponía a cargar eldinero", luego su propia madre me confesó que Corning había tenido un hijo y que se lo escondia a todos sus amigos, y que muchos de los que se habian dado cuenta, estaban enojados con ella por andarle ocultandos a todos que había traido un hijo al mundo.

Hay personas que se infiltran en las religiones buscando disfrazar sus pecados, y ella, después de haber recorrido todos los altares corriendo de aquí para allá, y de allá para acá, se había introducido en una secta de esas que dentro de la industria de las religiones, careaba a los donantes de ofrendas para ver cuál lograba aportar el mayor monto y hasta a mí, quiso arrastrarme con ella, como hacía muchos años, que la conocía, en mi interés de conocer sus propósitos, la acompañé, pensando que todo había cambiado y que hasta ella era diferente ya que en el pasado la había introducido con una cristiana de las pentecostales le tomó ropa a crédito y no le pagó, y pensé que en ese tiempo tal vez lo había hecho porque aun andaba en el mundo, por lo que en algunas ocasiones, opté por acompañarla a la iglesia,

Ella ignoraba que yo sabía todo lo que había hecho, luego me llamó y con todo el descaro y el cinismo de su vida. Intentó venderme un seguro de vida, pero ya yo había experimentado sus ofertas como vendedor, ella y su amiga me habían enrolado como vendedor.

Me dejaron sólo, sin orientación, no me dieron la instrucción, y me cobraban una especie de mensualidad de membresía sin que supiera yo la razón, y ni siquiera una carpeta introductoria me habían entregado en el momento de reclutarme como vendedor de seguro. Ahí yo entendí, que ella no era una persona confiable, y recordé que "no debía creerse en aquella persona que al mencionar a Dios cambiaba el tono de voz"

De todos modos otro día apareció, como solía aparecer me invitó a que la acompañara a una tienda de esa que vendía productos comestibles al por mayor, y compró artículos para ambos, me entregó los que había escogidos para mí, y puso en una bolsa los que serían para ella, luego la enfrenté y le hice saber la información que tenía sobre el hijo que había traído de forma silenciosa, me preguntó cómo me había enterado, entonces recordé que su madre me había pedido que por favor, no le dijera que ella me lo había hecho saber, fue cuando entonces se me ocurrió desviar su atención de la línea de sospecha contra su madre y le mentí, diciéndole que la última vez que yo la llevé a su casa, un amigo compañero de estudio de la escuela de investigación a petición mia nos estaba siguiendo, y como yo necesitaba saber algo más sobre ella le pedi que vigilara la entrada y la salida de ella del edificio donde ella habitaba y que entonces el hizo lo que le pedí, y después de unos días, en una ocasión salió acompañada de un hombre y un niño, el hombre discutía con ella y el niño se mantenía agarrado de su mano, mientras ella le pedía al hombre que se mantuviera lejos de ella porque lo único que ellos tenían en común era ese niño pero que si el continuaba molestándola le pondría una orden de alejamiento y una orden de manutención del niño.

Entonces cuando mi amigo escuchó lo que ella le dijo al hombre el hombre enojado se separó de ella diciéndole:

------ Haz lo que tú quieras, y se alejó en dirección contraria a donde ella se encontraba.

Entonces, cuando yo le conté lo que mi amigo imaginario escuchó y vio, ella sonrió y me dijo sin inmutarse, ese va a ser tu hijo, aunque no sea de sangre, tu será su padrastro----- Dijo y me abrazó.

Yo le correspondí, entendiendo su propósito porque a ella le encantaba usar a las demás personas, y en ocasiones solía contarles mentiras que parecían verdad, a fin de manipularlas y conducirlas al terreno donde ella deseaba tenerlos

Era portadora de un rostro bello, de niña inocente, de esas que jamás se habría de pensar que rompería un plato, cuando en realidad, tenía la sagacidad, de romper la bajilla entera..

Eso indicaba que si ingresaba a la política, un alto poder de persuasión le arrastraría a los votantes, debido a su condición demagógica, ya que ofrecía lo que no cumplía, pero también como política, correría el riesgo de una rebelión del pueblo

Desde entonces solía llamarme con cierta frecuencia para saber cómo estaba, sin embargo me daba la impresión de que estaba aguardando el tiempo adecuado para confesarme abiertamente su propósito.

La vida es definición de causa, y elevación de esperanza. y es que Dios tiene las puertas abiertas para los que en paz se muestran y en solidaridad se manifiestan.

Según el ambiente donde se mueve la gente, surgen las respuestas menos imprudentes, según tu destino, asi es tu camino, no dudes en andarlo, si algo es para ti, no podrán desviarlo.

La devoción, del ser, se enmarca en el conocer, todo lo que está llamado a ser es, pero nada es casual, todo está organizado bajo el sol, por eso nace el amor, y cuando el ensayo de una causa debe interrumpirse, es porque algo diferente llegará, el agua que hoy orre en el cauce de un rio, no será la misma que correrá mañana.

Nada permanece estático, todo cambia en el devenir y en el tiempo, el resplandor del sol, es la fuerza de la redención.

Decidí caminar y mientras andaba recordé a una venezolana de Maracaibo, la cual al conocerla me había causado una enorme impresión, al grado de verme precisado a cantarle, y le dije:

"Ayer conocí a Fabiola que vino de Maracaibo, ella se puso graciosa y empezamos a abrazarnos, para mí fue tentación, y ella me ofertó su amor.

Con sus brazos me apretó y yo sentí sensación, y le dije con amor: Dale Maracuya, dale Maracuya, dale así, bonita que esta fruta es tuya, maracuyana, Maracuyana, la fruta es tuya, puedes probarla la fruta es tuya, puede probarla con gran ternura, Maracuyana, Maracuyana, y me adentré tanto en el pensamiento que cuando volví en mí, descubrí que Corning me miraba con una sonrisa seca, entonces me dijo:

----- Guao, parece que te enamoraste, te vi disfrutar al recordar a esa mujer.

----- No seas celosa, que tú sabes que eres la diosa.----- Le dije, entonces me sonrió con un mayor grado de pasión.

Y agregó--- Es más, a mí no me importa, tú y yo no somos nada, amigo, simplemente amigo.----- Dijo----. Luego me comentó de que dentro un mes, viajaría al extranjero, no le pregunté a dónde, y se fue sin despedirse, y yo pensé, si no se despidió seria porque no había ido a morirse, y un mes después me escribió y me dijo que el lugar a donde se encontraba se había vuelto una ciudad demasiado cara, que necesitaba que la ayudara con dinero, pero conociendo yo su estilo de que ella era del tipo de persona que te regalaba un pececito para después reclamarte una ballena, me le tiré a muerto y me dije :" a chapear a tu madre", entonces me acordé que ella antes de irse me había hecho una compra en el supermercado, y le oferté enviarle cincuenta dólares a donde se encontraba, me mandó la dirección y descubrí que estaba en el lugar donde Colón se alojó al llegar al nuevo mundo, estaba en la Republica Dominicana.

Ese mismo día le puse cincuenta dólares y la llamé por línea para informarle que fuera a retirarlo a la agencia, me preguntó que si me habían dado un recibo, yo le dije que sí, y no se atrevió a decirme más nada, me pareció que su interés de que le hiciera ese envió, era para hacerle creer a una mafia que solía hacerle fraude a los de más, para repartir lo obtenido entre ellos y sus sirvientes, y como ella frecuentemente solía ser mandadera de tercero, pues seguramente andaban buscando algo.

Desde ese día no habíamos vuelto a comunicarnos, pero Un tiempo después revisé su perfil, y vi que había cambiado su foto por un mensaje que decía:

" La fe no es vivir jodido, creyendo que todo estará bien en otra vida, fe es tener la convicción de que aquello que deseas sucederá, aunque por el momento no sepas cómo?

Decía mi abuelo: hay que rezarle a Dios y pararse a hacer su diligencia"

Al mirar aquello me eche a reír:

Ja,Ja,Ja,Ja --- Y le dije ---: Esa es la teoría del que vive a Dios rogando y con el mazo dando, no hay causa sin efecto, ni acción sin justificación, en el libre albedrío se puede hacer lo que la persona desee, pero luego lo duro es la consecuencia, antes de nacer la vida se escoge o se te asigna, es por eso que dicen que "el que nace para martillo del cielo le caen los clavos", porque si naciste para ser pobre puede arrastrarte por el suelo detrás de la fortuna y cuando crees tenerla en el borde de tus dedos, una brisa te la alejas.

Pero, si antes de nacer escogiste ser rico, la mafia puede recurrir a cualquier tipo de conspiración para que no la alcance, y de todos modos tú lo logras porque eso viene contigo en tu ADN, y cuando te cierran una puerta, se te abre otra que guarda todos tus tesoros.

No te equivoques porque cuando conozca la verdad, esa verdad te libertarás y tendrás que aprender a vivir como libre;

Entonces cuando ella recibió mi mensaje me respondió diciéndome:

----- ¡Hola querido! ¿Cómo estás? Y eso, ¿qué es?- ---- Me pegunto, pero en ese momento se disparó mi teléfono, llamándola a ella, le expliqué que algo extraño estaba pasando, y como ella era algo supersticiosa eso le sorprendió, y pensó que algún ser espiritual quería que estuviéramos juntos, sumando los rumores de que en cualquier momento yo podría ser millonario, y todo eso junto a la expresión de que la unión hace la fuerza, fue una motivación para que ella comentara:

----- Muy buena reflexión, ya estoy aquí en el país, cuándo nos juntamos?

----- En cualquier momento.----- Le respondí,

Pasaron unos días y y como yo tenía una Van, recibí una llamada donde ella me invitaba a acudir por su casa con la misión de ayudar a alguien a mudarse, con la promesa de que ella se encargaría de sacarme el pago de ese servicio de un cheque de 3000,00 dólares que ella recibiría en tres días por concepto del cuidado a la persona a quien se le ayudaría con la mudanza, en realidad, ella y Tago, que así le llamaban a la cómplice, eran agua de un mismo rio, y se habían puesto de acuerdo para fingir un falso cuidado, fingían un cuidado innecesario, un cuidado que no era ameritado, estaban en asociación fraudulenta, para saquear al gobierno a través de la agencia de cuidado   estaban haciendo creer que ella la cuidaba para recibir pago que ella y la amiga se repartirían.

El fraude obedecía a que aunque Tago tenía record de loca, estaba en control, y no necesitaba ser cuidada.

El día de la mudanza me introduje con Tago y desde ese momento comenzó una admiración y un coqueteo de aquella conmigo que yo estaba hasta sorprendido, pero a mí no me pasó por la mente de que tales coqueteo obedecían a un plan, hubo un momento después en que habíamos llegado al lugar de almacenamiento que tenía una estrechez tan grande que se estaban guardando las utilidades como si hubiésemos procedido a realizarlo en fila india, así que cuando entré a guardar algo, tago me siguió detrás entrando tan aproximada a mi que casi me respira encima, yo logreé salirme con cautela evitando rosarla, todo aparentemente había sido algo casual, pensé yo, pero más tarde me comentó Cornig, que parece que yo le gusté a Tago, que me andaba elogiando, y entrenado yo por la vida para detectar el peligro le dije:

----- Yo no conozco esa mujer, yo vine por ti, le voy a cobrar cuatrocientos por mi participación, tú eres responsable de lo mío---- Le dije a Corning.

------ No te preocupes, que el viernes cuando llegue el cheque yo le doy la parte de ella, deduzco la mía y te guardo la tuya.----- Me dijo.

-----Está bien, en eso quedamos.

Después de eso Corning trató de acercarme a su amiga Tago, para que yo la llevara a comer, pero yo le dije que andaba trabajando y que yo prefería no confundir la "magnesia con la gimnasia", sacándole el cuerpo a su propuesta, me escabullí pero llegado el viernes Cornig me llamó para decirme que la mujer se estaba quejando porque yo no quise llevarla a comer, por lo que aproveché y le dije a Corning:

----- A ti te encanta, echarle tus muertos encima a los de más.---- Guardó silencio y cambió el tema,

Dos días después, o mejor dicho, el día en que tenía que pagar, me llamó para que la acompañara a ver unos apartamentos en uno de los edificios nuevos que en ese entonces se construían en Nueva york, me esperó más de lo usual, llegué tarde pero de todos modos la acompañé, cuando entramos ella misma me paseo por los apartamentos que estaban vacíos, supuestamente ella quería mudarse de donde vivía, en lo que estamos mirando al interior de algunas habitaciones, se presentó una mujer de sorpresa que supuestamente andaba también buscando apartamento, me vio a sola con Corning, se nos presentó y dijo en qué ella andaba, luego la dejamos en el apartamento a donde estábamos y nos dirigimos a otro ubicado en el primer piso, ahí había una ventana abierta de donde se veía la calle, y me hizo un comentario intencional:

----- Seguramente por esa ventana entran personas de la calle a hacer el amor sobre el piso.---- Yo guardé silencio.

Luego me comentó que tenía un dolor de la menstruación, después salimos y caminamos hacia la Van, y le pregunté si esa mujer que fue directamente al apartamento a donde nos encontrábamos, si era amiga de ella, me dijo que no, pero yo tenía la sospecha de que se conocían y de que tenían un propósito, pensé que habían cobrado para fabricarme caso para desprestigiarme.

Al llegar al vehículo se sentó en el asiento de atrás, alegando que para no remover las pertenencia que yo tenía sobre el asiento de adelante, se iría en la parte de atrás, la llevé donde una supuesta amiga, pero yo pensé que se trataba de quien estaba intentando usarla en mi contra y a quien fue a rendirle cuenta del resultado de lo acontecido ese día en función de su labor de espionaje, de todos modos la conduje hacia el lugar a donde iba, y me regresé a mi lugar de trabajo.

Al otro día era viernes y Corning me llamó para decirme que faltaba el papel de una vacuna, pero que ya ella lo había llevado, pasaron unos días hasta que me llamó para que nos veamos, estaba donde su hermana y yo me aproximé por la dirección donde se encontraba, llegó acompañada con su hermana para hablarme de lo mismo, pero en esa ocasión me había abonado 90 dólares de cuatrocientos y agregó:

---- Lo importante es pagar.----- Me dijo.

---- Es correcto.---- Le respondí y le seguí la corriente hasta donde fue posible, sin embargo viendo que me estaba merodeando le agregue:

------ Corning, estaba pensado yo, que tu al recibir el dinero sacaste tu parte y la mia, te quedaste con la mia y luego decidiste pagarme paso a paso.----- dije.

----- Oh, Atawalpa, como tu vas a pensar eso de mi?

----- Cornig, es el pensamiento que me induce a creer, lo que te niegas a admitir.

Habíamos entrado a una tienda donde supuestamente su hermana había intentado cambiar los precios de una ropa que había querido comprar, pero a mí me dio la impresión de que la hermana había sido manipulada por Corning para que lo hiciera, debido a que después la misma Corning me había confesado que su hermana estaba enojada con ella y que no quería hablarle, entonces yo con mi sospecha de que ella la indujo a que incurriera en eso, entonces le dije:

----- Si tú ha estado estudiando justicia criminal, cómo es que no orienta a tu pariente y le dice el procedimiento para que no incurra en tales errores?

------ Yo se lo dije. Pero no me hizo caso ---- Respondió, pero no le creí, debido a los niveles de su cinismo.

Dos días después le ayude a llevar un receptor de televisión al novio de su hermana que se había sumado a nosotros, en cambio él, por el transporte ofertado, me llenó el tanque de gasolina

Pasaron unos días, pero como aun no habíamos completado el pago acordado para mudar a su cómplice, Corning me llamó y me dijo:

----- Hola, cómo estás?. ---- Cuestionó.

---- Estoy bien, gracias, y tú?---- Le respondí.

----- Ya tú sabes, con la mujer tocándome la puerta buscando su parte del dinero, pero yo le dije que ella me había sacado del caso para poner a su hija y que lo que quedaba era para cobrarme mi parte y pagarte la mudanza a ti, y ella me respondió:

----¿Cómo es eso, esa mudanza podría darse por pagada pues se le han hecho abono aparte de que quiso arrinconarme en una puerta y trató de besarme, yo le dije que yo estaba ahí, y que yo no había visto nada de eso, y ella me respondió, tu no estaba detrás de la puerta para ver nada, así que el parece que quería cobrarse de esa manera.----- Expresó Corning sobre lo que supuestamente le había dicho Tago,

Al escuchar el comentario malicioso de aquella, recordé que hubo un momento de alguna ocasión en que nos habíamos reunido donde ella me había confesado que quería dinero entonces respondí:

----- Pero como es que esa sucia viene a chantajearme con una falacia de esa naturaleza para no pagar, pero si a ti que me gusta y te ves mejor que ella, no he intentado hacerte nada, mucho menos a ella a quien solo vi al momento de la mudanza.----- Le dije, sabiendo que el chantaje venia de ella porque la conocía y sabía que le gustaba utilizar a los de más, para su beneficio, y que solía llevar un cinismo indecente y un sorprendente descaro, manejando a las personas sin pestañear, y luego, después de que había pasado lo acontecido reaparecía como que nada había ocurrido.

Anteriormente me había ofrecido unos pajaritos y yo les hablé a unos niños de que ella se lo regalaría, y se le llamaba y no respondía, entonces me percaté, que detrás de esa aparente belleza, existía una terrible corrupción, una malicia atroz, y también creí que la oferta de los pajaritos era una treta para ganar tiempo. Desde entonces entendí que no todo lo que parece es, y que la humanidad se ha llenado de ignorancia y maldad, y de personas que por dos o tres pesos, recurrían a propinar los peores golpes bajos. De aquellos que dañan y quebrantan la bondad, entonces cuando menos esperé y pensando en que Corning había optado por pagar lo mínimo que decidió pensé en que todo había sido una prueba más del camino tras la búsqueda del destino, había optado por dejarlo todo así, pero cuando menos esperé, recibí una nueva llamada donde me había dicho que había logrado colectar cientos setenta y cinco dólares más, de los cuales me entregaría cien a mí, y 75 para ella, me preguntó por los niños a quien yo le había ofrecido los pajaritos y yo le dije:

-----No te preocupes por eso, yo les dije que cuando tuviéramos tiempo iría con ellos a una tienda de pájaros para que tomaran los que desearan, porque tu era una persona muy ocupada y que a veces decía una cosa que por tus obligaciones olvidaba, yo entiendo tu condición, pero los niños, se creen que si se les habla de algo, por arte de magia debe llegarle, ----- Dije. Corning guardó silencio por un breve instante y dijo:

----- No, esos pájaros los voy a suplir yo.

Entonces miré al cielo y expresé a Dios:

----- Si ella los pajaros entrega le exonero lo que debe, y como lo dije lo hice porque pasado unos días, una sorpresa tras otra me impactó, Corning con los pajaritos apareció, y a los niños felicidad le ofertó, a mí me fue demostrando que el señor la transformó.

A los niños los pajaritos les entregó, y con su acción a los niños enriqueció,

Los pájaros a los niños hablaron y le dijeron:

---- Oigan niños, ustedes no nos conocen porque al llegar aquí le borraron el entendimiento sobre quiénes son, pero nosotros nos conocemos del plano sublime, si me dejan experimentar la libertad, no nos vamos a escapar, ni los vamos a abandonar, esta jaula es como un corral, pero si nos dejan volar dejaremos de verla como tal, y los barrotes no, nos aprisionarán, y la veremos cómo mansión de honor.----- Dijeron los pájaros al unísonos, transmitiendo las expresiones por telepatía a la mente de los niños, por lo que aquellos no dudaron y lo sacaron de la jaula y aquellos volaron dentro del apartamento que los niños habitaban, al principios quisieron quedarse a fuera pero los niños que también eran dioses encarnados, les hablaron y los pájaros entendieron:

----- No me decepcionen,----- dijo el primero de los niños que era el hermano mayor, y el varón de los dos:

---- que malo es ser, una entidad sin palabra.

---- Así es----- Agregó la niña:

------ En el principio el verbo era Dios, y la palabra era el verbo.---- Dijo la nina secundando a su hermano que había hablado anteriormente.

Los pájaros entendieron que los niños eran Dioses encarnados, por lo que se excusaron y sin más resistencia, regresaron a la jaula, cumpliendo la misión de contribuir al enriquecimiento de los niños. Así fue, que:

Huevos echaron y más pájaros crearon, los niños los vendían por internet, y se hicieron empresario del quehacer.

Era la era apocalíptica y Corning había tenido dos hijos de dos hombres distintos, uno de los padres era un chino y el otro era Irlandés, la hembra del Irlandés, con él a vivir se fue, y el varón que era del chino. También tomó su camino, los niños que con sus pájaros, aquella había enriquecido, me vieron en el camino, por ella me preguntaron, sabiendo que éramos amigos, le informé que me casé y otra chica me llevé, los niños muy preocupados buscaron donde estaría y un asilo del camino había sido su destino, sus hijos la abanderaron, y los niños de los pájaros fueron y la rescataron, y ella fue su nueva madre, pues la de ellos había expirado, también yo había enviudado y ellos se habían percatados, también a mí me buscaron, y con Corning me juntaron.

No hay mejor amor que Dios, es verdad, que la confianza es el camino más corto para cometer un error, pero si no pierdes la fe en la humanidad, ni olvidas, que no todo lo que brilla es oro, siempre existirá la posibilidad de alcanzar lo que se busca, porque todo se escoge o se asigna en el plano sublime mucho antes de nacer, y aunque el libre albedrio dilate lo que tiene que ser, sin duda alguna, siempre será, por lo mismo, si me convocare ahí estaré.

Agradó la respuesta a Dios entonces al otro día fui a verlo y en un rayo de luz un saludo cordial me dispensó y muy robustecido de gloria Corning que era treinta años menor que yo, me vio rejuvenecido y me adoró, pues el espíritu de Dios me resplandeció y el esplendor de la esperanza nos llenó de añoranzas, y un destello de luz/ me dio la juventud, y una nueva bondad, me reactivó la paz, y los niños fueron los nuevos gobernantes del planeta, él fue rey y ella, la niña, fue princesa, , y un nuevo mundo Dios creó y la nueva generación lo habitó, y a sus nuevos gobernantes obedeció.

CAPITULO X

Se desprendieron las dos telas,

y lagrimeando las eché afuera,

mis ojos vieron mejor,

sin tener que recurrir a

ninguna operación.

ENCUENTRO CASUAL

Por más que he tratado de alejarme del chateo se me generan unas series de dificultades que me imposibilitan hacerlo, pero en la medida que gano experiencia busco la manera de ser selectivo, y es porque ya no solo he ganado experiencias por las cosas que me han pasado, sino por las que he visto que le pasan a otros, cosas tan lamentables que uno acaba sintiendo vergüenza ajena.

Mi amigo Jefry Manzano era tan suelto y risueño que muchas veces su sonrisa le creaba problemas, porque muchos envidiosos no podían tolerarlo, el era una alma tan pura, que nadie podía negar que traía el alma de un Ángel, pero tal sonrisa se le fue apagando cuando las redes sociales le generaron una condición que hasta yo me asusté cuando volví a verlo sonreír.

Conoció a Katy Venegas en un radical día de chateo, Katy era una niña hermosa, muchas veces silenciosa, con un rostro angelical y una sonrisa de bienestar, mi amigo no duró más de una semana para sentirse flotar, a los dos meses a Brasil quiso volar y hasta una zamba fue inspirado a bailar, fue a conocer a Katy pero después sintió que sin ella no podía regresar, fue con ella al consulado para solicitar una visa de novia , y entre besos y apapacho buscó la forma mejor para lograr a su amor , ya que sin nada allí llegó, y con Katy regresó.

Un matrimonio a vapor, intensificó su amor.

Yo lo veía tan feliz, que juré nunca morir, por el milagro naciente que en mi amigo vi surgir, en Brasil él se empató, y en Nueva york, sucumbió. Permítanme narrarle las prerrogativas del acontecimiento.

Como hemos podido ver los pormenores de la aproximación de estos dos titanes del amor, la cibernética le generó emoción, y el chateo le infló el corazón.

Mi amigo Jeffrey era hasta cierto punto muy tolerante, tan tolerante que su madre compró un restaurant y su servicio de él, llegó a solicitar, desde ese momento él estaba llamado para administrar, el ganaba dinero y Katy lo tenía todo, y aquel fue tan solidario con ella que después le aceptó trasladar a su cuñada y dos hijos de ella, abandonar Brasil para para ir a vivir en Nueva york, Katy estaba realmente feliz, mientras mi amigo Jeffrey trabajaba como un loco, a fin de que a ella y a su hermana no les faltara nada.

Mientras el, trabajaba le facilitaba el carro para que ella y su hermana, la ciudad, exploraran, hasta que la hermana encontró un pretendiente que no dudo en casarse con ella, y arrastrar a los gemelos que tenía.

Jeffrey Manzano seguía trabajando, mientras Katy se iba al Gimnasio, donde se reencontró con un novio que tuvo en el Brasil, y mientras Jeffrey trabajaba ella chateaba, no habían tenido hijos y por lo mismo el permitía que ella rompiera el aburrimiento y hasta chateara, e inclusive, dejaba el de divertirse y viajar por trabajar, para a su amor edificar

En una ocasión le tocó viajar a Brasil y Jeffrey que creía en su mujer más que en él, la dejó viajar sola, y su querida Katy, por esas circunstancias de la vida, coincidió en el avión con Timothy, su exnovio del pasado y su amigo del presente, y aquellos hicieron su agosto en mayo, no sólo bailaron zamba, también movieron las panzas y al esqueleto le dieron, los placeres que quisieron , el caso es que se divirtieron todo lo que pudieron y a su regreso a Nueva York, empezó a hacerse difícil la relación entre ellos, cuando Jeffrey la halaba para otorgarle su amor, Katy sentía un gran dolor que tocaba el corazón, y Jeffrey le preguntó que cual era la razón, pero ella le confesó que tenía un gran desamor, Y Jeffrey le cuestionó que cual era la razón, pero ella le contestó que su amor reapareció.

Y Jeffrey muy confundido la cuestionó con fervor, y Katy le respondió:

------ He tenido un acostón, el chico con quien lo hice antes que tú fue mi amor, y ahora estoy confundida y siento que ando perdida.

Con lágrimas rezongó y a Jeffrey ella conmovió, al grado que aquel mancebo hasta el perdón le otorgó, qué malestar más terrible, sentí cuando me enteró, no sabía que existían hombres como mi amigo mostró.

Cuando intenté cuestionarlo con simpleza contestó, lo que ayer me aconteció, hoy no lo sufriré yo, del pasado yo aprendí, y ahora he de sonreír, que lo que parecía mal, hoy lo puedo disfrutar, porque de algo peor, había de librarme Dios, al permitir lo que fue, que hoy puedo reconocer.

Y siguió pasando el tiempo, todo parecía un concierto, pero otro tema era cierto a espaldas del grato Jeffrey, Katy saltaba las baldas, ignorando Jeffrey aun, que ella jugaba a su espaldas, hasta que salió preñada y abandonó su morada, cuando pasaron los meses Timothy no resultó, y Katy vio la desgracia, que jamás se imaginó

Aquel comenzó a tomar, y hasta cannabis a fumar, y todo fue tan terrible que hasta la llegó a golpear, entonces ella despertó, y miró el karma a pagar a Jeffrey ella valoró, pero muy tarde pensó, con él, quiso regresar, pero algo grande hizo Dios, Un mujeron sabia y linda a Jeffrey él le concedió, y cuando Katy intentó, a Lucila le mostró, y Katy andaba sufriendo, clamando perdón a Dios, y vio que nadie se libra, del Karma que generó, sin que se sufra el tormento que el destino le implantó.

En realidad, yo sentía vergüenza ajena y había quedado algo desilusionado, porque el sufrimiento de mi amigo Jeffrey, me había ensenado, que no había sufrimiento sin recompensa, y que el hombre escogía la vida que iba a vivir, antes de nacer, y que el Karma de los tiempos estaba llamado a sanearse de algunas maneras, por lo mismo continuaba explorando la naturaleza humana porque necesitaba la experiencia terrenal, para cuando regresara al plano sublime poder contar a las demás entidades, las experiencias adquiridas durante el tiempo de mi exploración en este plano.

CAPITULO XI

LAS SOLDADOS DEL EDEN

Pero no hay que lamentarse para no ser compadecido, mis experiencias eran diversas, vaya experiencias las mías, me surgían como si hubiesen sido solicitadas y muchas veces para librarme del estrés de la computadora, solía acudir al canto, pero siendo así y estando ya ustedes enterados será mejor que se las expreses cantando. :

{{Los caminos que yo ando.}}

Son caminos del amor,

Difíciles de encontrarlos,

pero traen su redención.

La energía del cielo se hace mi consuelo.

por eso tránsito por donde quiero.

Ella es mi vida, y es mi alegría,

Con ella yo vivo tarde, noche y día.

Por donde me muevo, atraigo lo bueno.

Atraigo mujeres, y también dinero.

Mi gran consuelo, lo tengo en el cielo.

Natural me muevo con mi dinero.

Soy una alma pulcra, que a nadie envidio.

Y por nacimiento traigo lo vivido.

No tengo motivo para arrepentirme.

Mi guía es natural, por eso me inspiro para cantar.

Si aparece un ritmo me pongo a bailar.

No hay nada en mi vida, de lamentar.

Y si algún día tuviera que amar.

No tendría razón de nada negar.

Y si ella también me quisiera amar.

.Le confirmaría por el celular,

Si un mensaje de texto me quiere mandar.

Chatearía con ella hasta el despertar.

Todo lo que pase lo he de aceptar.

No hay nada malo, que lamentar.

{{Pues a mi corazón, lo tendré que amar.}}

Como pueden ver, cantar era la forma de engañar a los sentidos, cuando la computadora, pretendía estresarme, seguíamos chateando y a veces bailando pero la computadora se imponía sobre la vida social a los niveles que cualquiera que no me conociera, bien pudo compararme con un antisocial y era porque los amigos tradicionales que existían, se fueron alejando porque el chateo me había absorbido, mis nuevos amigos eran virtuales.

Entonces me apareció una soldado de la nación depuesta en un país aliado, por lo que defendía los intereses de la nación en la lucha antiterrorista, se llamaba Candil y se me introdujo de una manera sorprendente y tierna, y sutil, y me dijo:

----- ¡Hola, ¿cómo estas buen mozo?----- Entonces le respondí con la misma ternura que ella lo hizo conmigo---- Excelente, gracias ¿Y tú?

----- Estoy bien gracias, soy Candil Montgomery, una ciudadana Americana ¿De dónde eres?----- Me preguntó.

----- Soy de cualquier lugar pero vivo en New York. ---- Le respondí.

----- Es un placer, juntarme contigo aquí, eres soltero o casado?---- Cuestionó.

----- Soy soltero, déjame saber por qué me preguntas?---- Le dije.

----- Lo siento por hacer muchas preguntas, justamente, necesito saber más de ti, yo soy de San Francisco california pero estoy en Syria Damasco por asunto de trabajo.----- Me confesó.

------ Esta bien, no te preocupes, puedes preguntarme todo lo que desee cuando esté en Estados Unidos buscaré la manera de verte., eres del ejercito?.

----- Si, estoy en las fuerzas especiales de los Estados Unidos.----- Me replicó.

En ese momento hubo un silencio pero me percate que el teléfono de la red sonaba, y algo estaba aconteciendo que había mala conexión, y en un instante noté que me había hecho seis llamadas, y solo en la última logró comunicarse y yo pude verla brevemente porque la llamada había sido hecha por cámara, entonces nos saludamos pero la llamada se cerró.

Dejó de llamar y se incorporó al chateo, cuestionándome:

¿Por qué tú tienes bloqueada la cámara, tu no quiere que yo vea tu verdadero rostro?

Oh, lo siento, un jaquer ha bloqueado mi cámara,

-----Tú eres un falso.

---- No es así, a mí me gustaría que tú me vieras.

----- Salte de mí página, yo no hablo con persona falsa.

---- ¿Por qué?... Trato de hacer lo mejor.

----- Acerca de que tú está hablando,

Tú no puedes tener una idea de cómo trato de agradarte y de quién soy yo, si tu no me ha tratado.----- Le dije. ---- y vi que volvió a hacerme seis llamadas, pero no pude responderle, la señal seguía con dificultades, ella bajó el tono de su enojo y me dijo.

------- Puedes desbloquear la cámara para llamarte de nuevo?

No tengo señal, estoy viajando para nueva Jersey,----- Le respondí, justamente en ese momento alguien conducía llevándome a hacerme una radiografía para verificar mi condición, debido a que dos semanas antes, alguien me había chocado por detrás en el carro que conducía.

----- No estoy contenta contigo, que solo tu haya visto mi cara y que yo no haya podido ver la tuya.----- Expresó.----- Debido a que me estaba llamando por "Messenger" le sugerí llamarme por "What Up", pero nuevamente me dijo que no estaba contenta, yo le dije que no sabía por qué? Ella no veía mi cara, le dije que no era mi culpa y que me perdonara, ella me respondió que el problema era que ella no estaba supuesta a hacer llamada desde la base, pero que ella se estaba tomando el riesgo por mí, y que ella no podía ver mi rostro.

Le pedí que ya que no habíamos podido hablar por teléfono que le iba a enviar mi foto, pero preguntó que como iba ella a estar segura que esa era mi foto, le explique que con la fotografía a ella le sería fácil comprobar quien era yo, y acordó gustosa que sí, que le mande mi foto.

Así lo hice, y al verme en fotografía nuevamente me reafirmó que yo era buen mozo, le otorgue las gracias como en otras ocasiones y también me preguntó que si yo era conferencista, le dije que a veces me invitaban a ciertas motivaciones pero lo que más hacia era chatear y trabajar, y me contestó:

------ ¡Wow, que hermoso!.

----- Gracias, tú también eres bella. ------ Le dije, eran las doce de las noches en New york, nos despedimos hasta el próximo día..

Por la constancia en que ella se comunicaba conmigo daba la impresión que estaba en mí, y que pretendía hacer planes conmigo

Otro día después me saludó, le pregunté que cómo estaba y me respondió que bien, que estaba pensando en mí, y yo ni flojo ni perezoso le respondí que coincidíamos, porque yo estaba en ese preciso momento pensando en ella. --- Me replicó que yo era bienvenido a su vida. Desde ese momento el tono del romanticismo se elevó, y su ternura se definió, y enfatizó:

----- Cuando esté de regreso te visitaré.---- Dijo.

Entonces yo emocionado le entone una canción, o lo que parecía una replica de amor, y le dije:

Te amo amor, en el tiempo y la distancia, en la luz de tu sonrisa.

Yo te llevo dentro, y es tanta la gloria, que el corazón me late, y en cada latido se adentra conmigo, todo eso me indica que eres mi cariño, y en mi corazón fraguo tu destino.

Siento y tengo que decirte, que el brillo de tu mirada, se ha vuelto mi gran morada, que el esplendor de tu honor, me ha tocado el corazón.

Amor, lo estoy confesando, hoy que me encuentro contigo, glorifico mi camino.

Pongo la indicación del espíritu, por encima de la suposición de los hombres, que suelen convertirse en almas apagadas con vista dislocada, como fúnebre consuelo que huyó del cielo, y al querer brillar, ya estaban oscuros en su despertar.

Ternura divina que otorga la vida, para caminar en el muladar, gracia y esperanza que otorga la gloria de las remembranzas.

Cuando despierto y te veo, siento que estoy consagrado, pues tu sonrisa me indica, que tú eres la más bonita, es por eso que te veo, te miro y no parpadeo, percibiendo que eres luz, en tu cuerpo de virtud.

Oh, cariño, eres la excelsa imagen de mi destino, sin ti, pierdo mi camino.--- Expresó.----- Y yo con grata fortaleza, con energía divina le respondí:

---- Recibir en mi cantón a una guerrera de mi nación, sin duda alguna, Será como un grato honor.----Indiqué, ella se sintió alagada e intensificó su cuestionamiento, preguntándome si era casado o soltero.

Desde ese entonces subió la guardia respecto a mí y empezó a llamarme dulzura, cariño etc.

Me envió una fotografía donde andaba vestida de civil, le dije que lucía encantadora como una belleza hecha mujer.

Me sonrió a través del computador, y me dijo que no me enviaba más fotografía porque estaba chateando con un dispositivo militar.----- Le respondí que no se preocupara que después ella podría usar otros más avanzados, y me respondió que ella tenía uno pero que en un ataque terrorista lo había perdido en el campo de batalla.

La conformé diciéndole que eso quería decir que no era necesario algo sofisticado cuando andaba expuesta al riesgo de perderlo.

Me respondió que la señal allá era muy pobre, pero que estaban trabajando para arreglarla.----- Entonces le hice saber lo bien que me parecía su afirmación, esa noche nos despedimos temprano porque al otro día tendrían que estar de pie más temprano porque habría una inspección en el campamento.

Fueron pasando los días, y ese verano solía desplazarme en las afueras del edifico para caminar un poco, ese día era marte, había empezado a trabajar de profesor y buscaba la manera de dármela de recto con los alumnos para que ninguno de ellos fuera a encontrarme en las redes y a usar la confianza de intentar chatear conmigo, ya que yo entendía las consecuencias que podría traerme algo como eso.

Me había moderado en el chateo, algo frenado por la docencia, ya solo iba chateando en mi tiempo libre con Candil la soldado.

Había pasado un día sin que ella se comunicara conmigo pero cuando volvió a las redes sociales me preguntó cómo había estado y que perdonara el lapso, que extrañaba volver a hablarme, pero que se habían dilatado porque se encontraba en el frente de guerra, yo le respondí que me encontraba bien y que no tenía que preocuparse porque Dios cuidaba de ella.

En la medida que la comunicación entraba en calor, aquella se identificaba más conmigo, entonces me invitó a chatear en una aplicación que ella entendía que sería más segura, le respondí que lo haríamos como ella deseara, pero me fue algo difícil encontrar esa aplicación a donde ella me había invitado, pero después de tratar una y otra vez, ella me envió una fotografía de la aplicación y se me hizo mas fácil encontrarla.

Ella intentó nuevamente comunicarse conmigo por video llamadas pero sus intentos habían sido fallidos, entonces me expresó que habían perdido las redes debido al terremoto que en ese entonces había ocurrido en Siria.

Le respondí que no se preocupara porque yo sabía la limitación de su condición, y que todo estaba bien.---- Me preguntó, Cómo había dormido la noche anterior y le respondí que soñando con ella, eso le pareció gracioso y sonrió de una manera sorprendente, lo supe porque se tomó una foto con el visor de la computadora y me la agregó para que notara su sonrisa.

Entonces agregó que ella sentía que me perdía, yo le respondí que no, que yo estaba con ella, y le agregué que ella era mi brillo, y era mi luz, que era el camino de mi destino.

Se sintió agradada y me hizo saber que yo era muy dulce, me volvió a preguntar que cómo iba mi día hasta ese momento, y yo no titubeé en decirle que estaba bien, y le di las gracias por volver a preguntar, pero mi día ha seguido cargado de suerte, o mejor dicho, bendecido.

Volvimos a despedirnos para reencontrarnos al otro día.

Cuando el sueño invadió mis ojos me fui a dormir, candil y yo chateábamos de noche, pero en la medida que fueron avanzando los días me decía que me extrañaba demasiado, y le respondía que yo también.

Cada día era más tierna conmigo y me llamaba cariño, y me hablaba con ternura, me hacía mención de su familia y del deseo de encontrarse con ellos.

En ocasiones cuando me contactaba en horas de la tarde muchas veces me preguntaba qué hacía y le respondía de acuerdo a lo que desempeñaba en el momento, si estaba manejando de regreso a la casa se lo hacía saber.

Hubo un momento que y solía auto cuestionarme respecto a mi propósito frente a este estilo de chateo , que parecía muy serio, sin embargo venía a darme cuenta que éramos unos radicales en la distancia, pero ya luego y en el tiempo me había contactado otra mujer militar, se llamaba Cindy, era de la misma base donde operaba Candil, ya ella me había cuestionado al respecto pero en esta ocasión le dije que me había contactado otra mujer de la base donde ella operaba y ella me respondió que no iba a compartir su hombre con otra mujer, bueno, en realidad, una mujer militar me resultaba atractiva, pero reflexioné en función de lo conveniente o inconveniente que sería rodearme de alguna de ellas, porque aunque eran mujeres deseosas de ser amadas, muchas veces, con ellas era necesario andar en atención y con sumo cuidado, porque a pesar de que el hombre no podía erradicar la genética divina, las mujeres militares estaban entrenada para matar y cualquier error alrededor de ellas, podrían generar una muerte segura, y más si eran celosas, porque los celos, generaban odio, y el odio, incentivaban la violencia.

Cindy había generado cierta inquietud en mí, pero cuando se lo informé a Candil y ella me dijo que no pensaba compartir su hombre con nadie, sentí que aquella cada día hacía de mí su guarida, entonces al presentarse Cindy, de la misma base una de San francisco y la otra de los Ángeles.

Ambas eran de california e incluso llegué a pensar que eran mujeres de cienciología que me andaban probando para luego sacarme en cara mis errores, e inclusive pensé que eran dos jaques o robots manejados a control remoto para hacerme creer lo contrario de lo que eran, entonces recordé el tema de la inteligencia artificial y cómo se podía aplicar a la ciencia robótica para confundir, manipular y asesinar a los sectores que hicieran frente a los "criminales investidos de poder".

No era casual que los científicos recomendaran una seguridad especial que condujera a mitigar el riesgo de extinción por la inteligencia artificial, poniéndola como prioridad global, juntos a otros riesgos a escala social, tales como pandemias y guerras nucleares entre otros.

Pero se agudizaron mis creencia cuando mi teléfono empezó a ser intervenido y me borraban fotografías e información de interés, fue entonces cuando cesé en archivar información en mi dispositivo, porque realmente los jaques se habían combinados tratando de robarme lo que no tenía, en fin, no me importó, y seguí chateando con las dos al mismo tiempo hasta indagar cuales eran sus verdaderas intenciones. Sin pensar en la muerte militar, que pudieran otorgarme.

Sin embargo voy a decirle algo que tal vez, no les había dicho, mi seguridad con las mujeres militares consistía en que yo amaba la milicia. Desde que concluí la escuela superior, mi padre me enroló en un programa militar donde me entrenaron para servicios especiales, éramos una especie de policía militar intervencionistas, cuando los países minoritarios o del tercer mundo tenían desordenes internos y fluía la inestabilidad gubernamental, allí estábamos nosotros como una policía militar del servicio secreto, pero los gobiernos de los países donde operábamos, no lo sabían, ellos pensaban que éramos mercenarios, y muy pocos Departamentos del Gobierno Norteamericano lo sabían, ni la CIA, ni el FBI.

Operábamos bajo la dirección de un militar Estadounidense de padre chino y madre anglosajona, nacido en Michigan, era experto en karate porque lo había aprendido de su padre, que era cinturón negro yo había concluido mi entrenamiento con él, ya que había sido reclutado para ese grupo élite mientras agotaba mi periodo en el campo de tiro, e inmediatamente continuaba desarrollándome en arte marciales, operaciones especiales y acciones contra motines.

Viajamos secretamente por diversas naciones del mudo y nos llamaban "el comando justiciero", ninguno de nosotros estuvimos en la nómina del pentágonos, por lo que todas esas experiencias habían sido las que me hacían sentir cómodo con las mujeres militares, para mi esas mujeres y yo, éramos telas cortadas por las mismas tijeras, nos enseñaron a que si teníamos sed, y no había agua, debíamos sobrevivir con nuestros orines, y si no había comida, debíamos engullir las hierbas contextuales que nos extenderían la vida como si fueran los más ricos y suculentos manjares, aunque amargaran.

Nunca nos tatuaron porque por la naturaleza de nuestro trabajo, no debíamos ser identificados, era una manera de auto-protegernos y sobrevivir, en medio de las turbulencias.

Así, pues después de la misión fuimos retirados del servicio como reservistas élite, pasó el tiempo y después del proyecto de globalización, nuestro general Kindom Lee, murió y no volvimos a ser convocados.

Esa era la razón, por la cual me sentía cómodo con las mujeres militares, desde antes de nacer, traje la promesa de mi padre celestial, descrita en el salmo 91" caerán mil, y diez mil a tu diestra, mas a ti, no llegarán", es decir, no nací para ser matado por ningún humano encarnado, y menos por los dioses que conociendo mi origen sabían mi misión y el por qué debía preservar la vida, por lo que aquellos que andaban en mi camino llegarían a protegerme .

Entonces dicho esto, debo aclararle que ya Candil me había preguntado si alguna otra mujer militar de su base o de alguna otra me había contactado, yo en ese entonces les dije que no, pero no sé si es que ella tenía la corazonada de que así seria, sin embargo un tiempecito después me contactó otra, y se me presentó así:

------ ¡Hola amor, soy Cindy, y esta es mi página de whatsapp, puedes escribirme aquí siempre, me encantara que sepas más, y más sobre mí, estaré encantada si me haces saber lo bien que te sientes al tenernos aquí solos, me seria grato conocer sobre ti, como estas?----- Me preguntó.

---Estoy bien gracias, y mucho mejor después de saludarte.

----- Yo también estoy bien, gracias por tu maravillosa respuesta, como una mujer que respeta todo tipo de hombre, comenzaré a presentarme, como te dijes mi nombre es Cindy vivo en Houston Texas, cuál es tu nombre y dónde eres?

----- Mucho gusto, mi nombre es Gerinerdo Atawalpa, soy de cualquier lugar y vivo en New York.----- Respondí.

Me dijo que tenía un bonito nombre, que era grato tenerme en su página y que sería bueno saber más sobre nosotros, me explicó que era una soldado del ejército de los estados unidos que estaba sirviendo en la base dentro del país, pero que había sido trasladada y se encontraba en el servicio de mantenimiento de la paz en Siria como resultado de la crisis de la guerra allí.

También me aclaro que era divorciada y sin hijos, al tiempo de cuestionarme si era soltero o casado.

Le respondí de acuerdo al estatus en que vivía, dejándole saber que también yo, era un soltero libre.

Me respondió admirada con un guao, diciéndome que todo eso era genial sobre mí y que yo era un gran hombre.

Me siguió cuestionando sobre mi edad, adelantándose a decirme antes que le respondiera, que me veía joven y agradable, para ver su reacción le exageré la edad, pero de todos modos ella insistía en que me veía joven, dulce y agradable, y yo le respondí que fue que yo había llegado a experimentar la eternidad en la tierra.

Entonces me comunicó que estaba muy complacida de tenerme como su nuevo amigo, y que estaba orando para que el Dios todo poderoso, nos ayudara a tener una amistad mutua, de tolerancia y comprensión, que beneficiara a nuestros hijos y nietos en el futuro.

Una vez dicho esto me pidió mi número para mudarnos a "Whatsapp", ya que debido a la naturaleza de su trabajo no solía unirse a Facebook, y en ese momento, habíamos iniciado nuestra amistad por "Messenger".

Bueno, pero si les parece bien, ¿por qué no me permiten narrarle con más detalles lo acontecido con Cindy?: despúes del cambio de página.

A partir de ahí se inició un romance careado donde ella sonreía y yo sentía la alegría, entonces me dijo,:

----- Puedes chatear conmigo cuando esté libre. Tengo que volver al deber en cuatro horas, a partir de ahora te chatearé y pasaré mucho tiempo contigo.

---- Excelente, eso suena bien, gracias.----- Le respondí.

En los días sucesivos una dinámica de comprensión y amor se abria en nuestro corazónes, y yo seguía el procedimiento de estudiar el propósito de sus intenciones y le respondía todo lo que me preguntaba o me exponía.

El próximo dia me hablo con una energía de magdalena, mientras yo continuaba en mis aguas caminando mar adentro.

----- Es muy agradable tenerte aquí, eres bienvenido, y estare un poco más libre para nosotros, quiero saber de ti profundamente, como me gustaría que tu sepas de mí, dime lo que te gusta hacer, y lo que no te gusta, dime que te haces feliz, y que te entristece, porque como mi nuevo hombre, no querré hacer lo que te hagas sentir mal, por lo mismo, estaré dispuesta a contarte con profundidad, sobre mí.---- Dijo.

Yo estaba extasiado en su expresión, y una turbulencia de emoción fue y me invadió, y me sentí dispuesto a navegar sin naufragar sobre sus aguas.., por lo que le respondí:

------ Oh, Cindy, que tierna eres, gracias por tan grata gentileza, a mí me gusta todo, muy pocas veces me enojo, pienso que el hombre escoge la vida antes de nacer, y aunque en el libre albedrio suele distanciarse de lo que escogió, siempre pasa lo que tiene que pasar, es bueno que me hables sobre ti mi coronela.----- Le dije con entusiasmo y comprensión.

Era tarde en la noche y en ese momento acababa de retirarse, por lo que le envié algunas de mis fotografías, para con ellas intensificar su alegría.

Entonces al otro día, me extendió un saludo que elevo el sentir de mi vivir y motivo mi existir.

----- Buenos días mi rey. Como estas esta mañana. Me levanté leyendo tus textos que me dan paz y alegría, bueno, amo todo lo que amas, y eres mi tipo de hombre, Ahora me siento libre de contarte todo sobre mi, lo que necesitas saber por ahora, a medida que llegue el momento , estaremos mucho más cerca y nos conoceremos más profundamente.

Bueno querido, tendré que hacerte saber esta causa, el tiempo y la mente cambian, este es el verdadero yo, soy una persona abierta que ama a quien me ama, y cuido al que más me quiere, soy de la que puedo dar mi vida y todo lo que tengo, puedo dar todo lo que tengo por el hombre que me amo porque no crecí con amor.

Soy una huérfana que nunca conocí a mi padre o a mi madre, crecí en un hogar sin esperanzas, antes de yo elegir mi vida como mujer militar, comencé a comprender que la vida tampoco es fácil para algunas personas, así que me encanta ver felices a los indefensos, también hago lo posible para asegurarme de poner una sonrisa en su rostro, sobre todo cuando no hay quien este allí para hacer eso por ellos, por eso les hago entender de que todavía hay posibilidades de que sean amados y vuelvan a sonreír.

Antes de mudarme para esta misión, di mi propia casa a las personas sin hogar, con la esperanza de que a mi regreso conseguiré otra nueva.

Así es mi querido, esto es un avance sobre mí.

Ten en cuenta, que siempre que te digas una palabra, saldrá con la pureza de la profundidad del corazón. En este momento estoy fuera de servicio, por favor mantente a salvo y agradable, se siempre un hombre integro, porque llegado el tiempo, tendrá el calor de mi amor.

Espero volver a leer de ti, adiós por ahora, recibes mis cálidos besos y mis tiernos abrazos. ------ Me expresó en su discurso de pasión,

En cambio yo sintiendo un mundo de emoción ., sentí velocidad en el corazón, y aun así, rodeado de toda su armonía solo alcancé a decirle:

------ He visto en ti a una mujer hermosa, me parece un clavelón, y que el misterio tú lo guardas, muy dentro del corazón, me encanta tu estilo, la pulcritud de tu expresión, y la gracia de tu gloria, que toca mi corazón.

Teníamos un careo de glorificación, un careo de mano a mano, ella me decía, yo le respondía, era una lucha donde ella buscaba convencerme, y en cambio yo, intentaba persuadirla.

La próxima noche me saludo con un estilo propio de una guerrera con el laso del cazador, entonces me saludó:

---- Hola cariño, buenas noches desde aquí, ¿Cómo estas hoy?

Espero que todo esté bien contigo, En verdad, me alegro de tenerte aquí como mi amigo, en realidad, no sé por qué me siento tan especia[cada vez que leo tus mensajes, de hecho Dios puede usar muchas maneras de unir a las personas en diferentes naciones.

Es un honor tenerte aquí como mi buen amigo, a veces olvidamos que no podemos hacer nada, por nuestra propia capacidad, pero con Dios, aumentamos en poder, y poder, y con suerte, podemos tener un futuro mejor, juntos y con suerte, nuestra relación durará toda la vida, permanezcamos positivos para ver, que nos depara el futuro en el trayecto.

De veras que Syria es uno de los países en la tierra, más difícil, para vivir, y en mi caso, pienso que mientras esté aquí en syria, no tendré esa gran libertad, ya que siempre estamos ocupados, siempre vigilantes, por lo que pueda acontecer, no tenemos suficiente tiempo, más rezo y espero el momento en que pueda verme fuera de aquí, te aseguro que buscaría la forma de nunca más volver a ser asignada a algo igual, a veces me siento, como si acaso estuviera sola en este mundo, debido a los desafíos que cada día afronto, frente a mi misión,----- Dijo y agregó. ----- Esa es la razón que me indujo a usar las redes sociales, para conocer personas, de mi propio entorno, aun sean procedentes de distintas naciones, debido a la naturaleza de mi trabajo aquí, quiero hacerte saber, que desde que nos conocimos en Facebook, mi corazón nunca ha salido de ti, creo que vamos a ser grandes amigos, a mi particularmente, me interesa desarrollar una buena amistad contigo, ya que tan pronto como termine mi tarea, espero que podamos conocernos y ser felices juntos.----- Dijo con el esplendor de una esperanza ausente.

----- muchas gracias, estoy agradecido de Dios y de ti. Por la ternura que me dirige, sabes que no tengo ningún obstáculo que me impida compartir contigo, si alguna vez, sentiste estar sola en el mundo, a partir del momento que entramos en contacto, dejaste de estarlo, porque en lo adelante, yo seré la brisa de tus primaveras, y la calefacción de tus inviernos.

Soy amor, y como amor brindo lo mejor, eres el esplendor de mi comprensión, ahora soy tu amor, y cuando regrese te dare calor, porque la edad del corazón, no habrá de ser obstáculo que nos impida amar, somos pautas del despertar, y por misericordia al andar, me consagro a tu destino para andar por tu camino.

Abro mis brazos y te otorgo un abrazo. En la compresión de la redención, aquí te aguardo con mi alma sondeando.----- Le expresee, cargando al instante su corazón de ilusión mientras un poco sorprendida clamo a Dios con emoción:

------- ¡Dios mío! Me haces sonreír en lágrimas de alegría, este dulce, discurso tuyo, hace que expanda mi yo, me sacó mucho dolor, y siento que eres mi amor. Honestamente, he sufrido por años, ningún hombre que me indujera a amar, ninguno para intercambiar, ninguno con quien contar, ningún hombre en quien pueda confiar, ninguno con quien llegara a equilibrar la alegría y el malestar.

Mi creencia en Dios, ha fomentado mi fe, para entender y creer, que tú eres mi renacer, por favor, sigue siendo un buen hombre, y cuentas conmigo para todo, porque te daré mi todo, desde ahora tienes mi corazón, mi cuerpo y mi alma para que lo cuides.---- Me expresó, Cindy era el vivo amor de mi corazón, cuantas dedicación, cuantos esmerado amor, entonces fui mirando el deleite de mi corazón y busqué agradarla en la ternura de mi disertación y le dije:

----- He buscado por ti, toda la vida, desde que a los catorce me fue notificado que tu seria mi asignación más allá de la comprensión, porque vendría a calmar mi dolor, volviéndome de ti tu protección, hoy que eres la ternura de mi amor.

Y ha resultado ser, que somos almas gemelas. Que vivíamos esperando en cada primavera.

Con tu presencia y mi presencia, todo lo que nos hacía falta nos ha llegado, no es juego, es realidad, es fortaleza de verdad, eres mi amor, yo soy tu paz.

Honestamente eres mi paz, no puedo mentir en eso porque tus dulces mensajes, me rescataron de la depresión, como podrás ver, al tenerte a ti, siento que lo tengo todo, porque tú eres mi todo, lucharé por ti, porque según experimento, siento que todo esto viene de lo más profundo de mi corazón.

Soy el tipo de mujer, que cuando ama, lo entrega todo en el amor, antes de ti, no había sentido amor por nadie, por eso te escogí a ti, para que formemos una familia, porque nunca he experimentado el amor familiar, pero siendo tu mi todo, contigo será todo.

Tu será mi padre, mi esposo, mi madre, mi hermano, mi hermana y mi mejor amigo.

Rezo para que este amor, nos lleve al mejor lado porque no puedo esperar para que me llamen esposa con niños que me llamen mami.---- Me dijo.

Yo estaba anonadado con el sentir de su expresión, y salpicado por la emoción dije:

----- Nuestro camino, está definido, lo que viene contigo se ha envuelto conmigo, déjame ver la luz, que me muestran tus ojos, porque tu amor, me trae la redención.---- Le reafirmé.

Entonces cada día se iría agudizando el intercambio, y solía sorprenderme con su cariño, y en una ocasión de un reencuentro me dijo:

------ Te amo mucho mi rey, por favor, se siempre honesto conmigo, y muéstrame tu amor tal y como es, en realidad lo más importante para mí es tu amor, el apoyo que muestran tus palabras de aliento, siempre estando a mi lado sin importar lo difícil que sea.

Yo estaba concentrado en entender la evolución de la transformación, lo que miraba ayer, no lo vi hoy, y en cada amanecer tú fuiste mi mujer, porque esperé en la luz tu juventud.

Tu has sido la belleza de mi amor, y yo la comprensión de tu ilusión, no he querido mentir para hacerte sufrir.

Porque soy todo amor, en tu gran compresión, dos que se han hecho uno, Dios y tu son mi luz.

Lo que parece engaño es confusión, y aunque poco entendemos, no hemos sido este cuerpo.

Somos espíritu, amor y comprensión, que se inclina a fomentar la razón.

Que en tu fuego de amor, jamás se presente el dolor, ni que tampoco surja la desilusión. ---- Le afirmé con tierna concesión, por lo que ella me indicó:

----- Vaya que tiene el corazón de oro, No te daré promesas que parezcan inciertas, mas a ti te podre confesar, que te amaré por siempre, o tú, o nadie más.

En el careo de aquel amor sin penas ni dolor, le dije sorprendido, Guao, la ternura de tu romanticismo me hace sentir tu abrigo, como gratitud cierta, de que estaré contigo.

----- Si, realmente quiero estar contigo lo más antes posible, no obstante ignoro tus planes para conmigo, pero no hay duda de mi seguridad, de que quiero contigo un hogar, donde por las mañanas te mire despertar.

Entonces algo un poco noqueado se me ocurrio responderle con honor, como el hombre que aun tenia pudor:

----- Naciste para ser grande, me gusta tu forma de sentir, y tu propósito de amar, yo comparto el propósito de vida que has traido en tu existencia, la verdad de tu linterna existencial, y tu manera de amar.

Eres alma de reivindicación , de causa, de pasión , de luz, de salvación.

Eres brisa y fuego de expresión honra y gloria, esperanza amor y honor,.

Eres mi ideal hecho mujer en la noche y el amanecer, eres tormenta y lago de mi ser.

Ella se sonrojo y lloro, mientras bajo el llanto mascullaba:

---- oh ternura mia, me estoy haciendo la idea de que me quieres, nunca nadie me había dicho algo igual.----- Habló y me respondió.

--- Es que mi amor activa el canto de mi paladar, y todas las ternuras y las bondades te he de dar, pues naciste para ser grande, me gusta tu forma de sentir, y tu propósito de amar, si, comparto el propósito de vida que ha traido en tu existencia, sigo admirado, eres una alma de reivindicación y salvación, eres luz, y expresión, gloria de esperanza y honor, eres un ideal hecho mujer..------ Volví y le respondí.

A partir de ese momento, Cindi inicio un planteamiento que me parecio extraño debido a que ella había definido una ternura profunda hacia mi, al grado de confesarme que deseaba y necesitaba que yo le recibiera una caja repleta de dinero equivalente a unos veintinueve mil dólares que había logrado como recompensa del gobierno syrio por haber desalojado a los terroristas de aquella nación.

Me había enviado foto de la caja repleta donde mostraba el dinero que llegaría, y me dijo en el chateo bajo la fotografía:

------ Esta es mi vida, y quiero ponerte primero como mi próximo rey y como mi esposo, con una gran bendición donde mi comandante nos esta encubriéndonos, dejándome saber que ese dinero es para que empecemos una nueva vida, para que podamos hacer realidad nuestros planes de inversión, dejándome saber que el quería lo mejor para nosotros.

Yo todo lo que quiero es que reciba esa caja con ese dinero para mantenerme feliz por siempre, si, quiere que lo consiga y lo mantengas contigo, y darme algunos días de descanzo, poque mi comandante dijo que una vez, que tu recibas la caja, me enviara a mi a casa, asi no tendre que enfrentar la próxima gerra, asi, pues cariño llévame a casa, recibiendo nuestra caja.---- Dijo con una cierta insistencia.

Yo hice un silencio para reflexionar y ella con su inquietud me insistió:

---- Estoy esperando, prepárate y respóndeme desde tu corazón, para que se de nuestro pronto encuentro.

, respóndeme lo que me encantará escuchar.---- Dijo.

Yo al ver que se exasperaba le respondí:

------- No te preocupes querida, si no es nada ilegal, mi respuesta es sí.

----- Ya somos legales, nada de lo que hagamos será ilegal.------ Dijo.

Ya ella había dado por hecho, que todo se había amarrado conmigo, y que yo complacería sus caprichos.

Entonces me dijo:

---- Mi comandante estará orgulloso de ti, pronto, el tiene un precio para el mejor esposo o esposa que logre obtener el hombre o la mujer de su sueno para matrimoniarse, asi que recoje la caja y envíame la foto tuya de cuando la esté recibiendo, realmente me derrito en lágrimas meintras leo tus textos, porque le agradezco a Dios, por darme el hombre de mis sueños, porque pensamos y razonamos de la misma manera, todos mis sueños son tus sueños, pero tengo información para ti, ya tengo un apartamento en alquiler en florida y mi abogado se esta encargando, pero después de mi misión, todo lo que tenga será para ti, el maestro peleador, que tomara el control, porque necesitamos un hogar pacifico, para nosotros y los nuevos niños entrantes,---- Dijo.

Yo estaba dispuesto a lo que fuera pero al hablarme de abogado que se estaba encargando de rentar un apartamento, yo pensé:-- ¿porque estará intentando enviarme una caja de dinero a mí, a quien no ha visto, si hay un abogado que puede recibirla con mayor garantía, y me auto-

pronuncié :

----- Ten cuidado Gerinerdo, no vayan a tejerte una treta, pero aun así, seguí el tránsito de sus pretensiones haciéndole creer que todo sería como ella quisiera, y volvió a decirme:

---- Carinoo, estoy muy agradecida de ti, porque sabe lo que es una familia, te amo mucho, y siempre estare aui, y alla para defenderte, sin importar lo que pase, tu eres mi todo en todo. Ahora tenemos planes de inversiones, asi que trabajemos juntos en ello, porque juntos para siempre es la meta> Estoy arriba y fuera para el deber, siempre tenme primero en tus oraciones, te amo siempre mi gran papi, con mucho respeto de tu futura esposa militar, muchos besos a mi rey, una vez mas, que tengas un dia bendecido mi adorable rey.---- Me dijo sin titubear.

Aquellas expresiones me inducían a entrarme dentro del computador y llegar a donde ella se encontrara, y como un titán le respondí: brindo lo mejor

----- Quiero agradecer a Dios como inversión primaria, que ha facultado la comunicación entre nosotros, porque desde el momento en que nos estamos contactando pasaste a ser el árbol de mi vida, mientras que soy de ti, la brisa de tu primavera, y la calefacción de tus inviernos , porque soy amor, y como amor, brindo lo mejor, eres el esplendor de mi comprensión, y al tu regresar yo sere tu amor, y es que la edad del corazón, jamas será un obstáculo que nos impida amar, somos pauta del despertar, y en la misericordia del andar, me consagro al destino de tu despertar,

Abro mis brazos, te doy la compresión, en el abrazo de la redención, con el alma sondeado, te estoy esperando..---- Afirmee.

---- Eres mi paz

CAPITULO XII

LAS BUSCADORAS

Chatear se había vuelto mi obsesión, y chateaba aquí, y chateaba allí, y todas las chicas, me hacían muy feliz, pero dicen que no hay crimen perfecto, y estaba tan adicionado que muchas veces solía chatear al mismo tiempo con tres, y así como era la policía que disparaba y luego indagaba, así me había tornado yo, y le decía si a todas, y para ella eso era un compromiso cibernético, y por eso me había vuelto un novio global porque las tenía en Pekín, en América en Europa, en Asia y Oceanía, pero las de lejos no eran nada porque muchas veces ni lograba conocerlas, pero las de Nueva york, sí que eran galardón, porque esas buscaban la manera de localizarme, y cuando lo lograban, uhhhhh, para que les cuento, me hacían un concierto, y un día perdí el juicio y me cité con dos al mismo tiempo, pero como estaban muy identificadas conmigo, como la cite al mismo tiempo y en el mismo parque una me esperaba sentada en una banqueta, y la otra en otra, sin embargo ambas dominaban los movimientos que se generaban en su medio ambiente, en esa ocasión había quedado de verme con Cari y Lisandra, a Cari logreé identificarla primero, y caminé hacia ella y le pregunté :

------ Hola ¿Tú eres Cari?...------ Me respondió:

------ Si, para servirte bello….. ¿Y Tú, eres Gerinerdo Atawalpa?-----Me preguntó y yo Le respondí:

----- Sí, soy yo.------ Entonces sin perder tiempo ni dejarme asimilar, y haciendo honor a su nombre, al llamarse Cari, se volvió caritativa y corrió me abrazo me besó con un beso de telenovela, pero Lisandra que vio lo que pasaba se encimó a Cari y le dijo:

¿Qué tú haces besando a mi novio mojigata.----- Dijo desprendiéndola de mi, de un jalón y ella pasó a sustituirla en el beso y descubrí que ambas besaban bien, eran bonitas y me gustaban las dos, pero mi imprudencia me dejó un ojo abollado porque Cari desalojó a Lisandra para volver a besarme, pero debido a que Lisandra sabia karate, le soltó un golpe a Cari, yo quise evitar que la golpeara, y resultó que aunque intenté bloquearla, el golpe lo acabé recibiendo yo, entonces al ver que me victimizaron, detuvieron la pelea para ir a auxiliarme:

------ Oh, querido, lo siento mucho, el golpe era para ella, no para ti.----- Dijo Lisandra.

----- La violencia no es cosa buena, mata el alma y la envenena, no tienen que llegar a esos extremos por mí, al fin o al cabo, yo soy culpable por haberlas citado a las dos al mismo, tiempo, lo que pasa que yo no creí que realmente ambas vendrían y la cité a las dos diciéndome, si no viene una, vendrá la otra.------ Dije.------ Entonces Lisandra que era la más radical dijo:

------ Muy bien, tienes que decidir con quién te quedas, porque aquí estamos en América, y me imagino que tu no pretenderás tener dos mujeres al mismo tiempo, o quien sabe cuántas?----- Expresó Lisandra, Cari se mantenía en silencio, yo aprovechando la situación le respondí:

----- Bueno querida, ahora soy yo el del dilema, ambas son bellas y las dos me gustan.

------ Uhy, que violento papi. ----- Dijo Cari, Aquella expresión enardeció más a Lisandra la cual había perdido el control, entonces me dijo:

------ Tal para cual, ustedes son un par de descarados, quédate con tu furufa----.Dijo dando la vuelta lista para retirarse, pero Cari le respondió.

----- Más furufa serás tú, que eres una mal educada, miras como te comportas, de todos modos este hombre vas a ser mío.----- Dijo enlazándome por un brazo y atrayéndome hacia ella, yo me inflé como un globo, y cuando Lisandra vio que yo me había inclinado más a Cari, nos insultó:

----- Par de basura.----Dijo y se fue enojada.

Cari estaba contenta de estar conmigo, por lo que había entrelazado su brazo al mío, después del incidente yo iba con mi ojo hinchado y entramos a una heladería y Cari pidió un trozo de hielo, lo envolvió en mi pañuelo y formó una compresa, mientras degustábamos los helados ordenados, ella tenía el pedazo de hielo sobre mi ojo, media hora después se había desinflamado.

Entonces como experto en el amor le expresé:

----- Cuando llegaste di gracias a Dios, que tú vinieras, y ha sido algo más que una primavera, porque percibo que será mi alegría en cada día.

Siento que eres la armonía del latir del corazón, que tu amor manifiesta comprensión, tu luz edifica mi sentir, y ya no tendremos más sufrir.

Porque tu amor no habrá de sucumbir, y la vida mía, se tornará alegría,

Erradicaremos el dolor de la ilusión, y habremos superado el desamor, pudiendo sonreírte en armonía,

La luz me brilla desde el fondo de mi alma, mi corazón hoy llega a superar la comprensión, y ahora, puedo entenderlo todo con alegría.

Tu amor es mi melodía, y en cada renglón de la existencia, tu amor es ternura y paciencia.

Tu sonrisa es el conducto de la brisa, y refresca el bienestar al respirar, porque tu amor es expectación de la gloria de una vida mejor.

Ella se sonrojó, me acarició y me besó. Están llenos de flores, aunque se ignore si es por la muerte o popr los amores, si alguien conoce la malicia del malvado, simplemente es bueno hacerle saber, que su maldad, no prosperarás

Entonces pensé que los caminos del infierno

La relación de Cari y yo, había durado dos años, su familia regresaba a Europa y ella con su familia, después duramos un tiempo chateando ella allá, yo acá, hasta que la distancia se tragó nuestro amor, me dijo que era una deshonestidad mantener una relación en la distancia, que había conocido a alguien y que podría ser que llegara al matrimonio, yo la entendí, me dio la gracia por preferirla a ella frente a Lisandra.

La última vez, que tuve comunicación con ella, fue para decirme que busque a alguien que me quiera y que forme una familia, que era importante para el futuro, ya ella había formado la suya, y estaba en espera de su primer niño, ya estaba embarazada.

Por lo menos, ella fue considerada y sincera conmigo hasta el último momento, al mirar por la ventana descubrí que había oscurecido, eran las ocho de la noche.

Era como el resplandor del sol, una belleza de mujer que me hacía honor, era considerada y disciplinada, siempre estaba a tono con el propósito porque cuando mora la disciplina el talento fluye ella entendía su guía existencial, y le era fácil identificar lo que buscaba y lo que quería, por eso se mantuvo serena desde el primer día, porque la mujer es el lucero del cielo y el esplendor del sol, ellas eran mi motivación porque detrás de su caparazón había una motivación para la redención.

Yo seguía mi rumbo entendiendo que el chateo era una droga que golpeaba el organismo y alteraba los sentidos.

CAPITULO XIII

LA LIDER

El ignorante vive a merced del malicioso,

el malicioso busca la forma de manipularlo para la auto- destrucción

, en cambio el sabio, busca despertarlo para la auto- formación.

Chalina Venture mujer de fuerza intrínseca, capaz de conducir un regimiento a la glorificación, líder consagrada, ejemplo vivo de amor y sacrificio, glorificación de honor y redención, solemne y distinguida herramienta de amor.

Hablaba directo, su sinceridad solo era comparable a la de Gandhi.

Se había dirigido a mí, con expresión de revolución y me dijo:

----- Compañero, alce su cabeza frente al sol, y reciba los rayos del honor, mi nombre es Chalina Venture, he visto su perfil y me parece un baluarte para la transformación,

Yo estaba sorprendido por la forma en que me abordoo, sin decir nada, entre a su perfil y cuando vi quien era, quede impresionado.

Entonces dijo:

----- ¿Porque la tardanza para su respuesta?,… Acaso hay otra en línea Chateando con usted?

Le respondí que ciertamente era así, me tarde en responderle porque antes quise ver su perfil y su fotografía, y le hice saber que últimamente me había vuelto selectivo, pero que al mirar su foto y leer sobre ella, supe que no solo era una belleza hecha mujer, si no que podría ser una belleza, muy consagrada a mi ser, y fue así, porque en la medida que la iba conociendo pude notar que su inteligencia superaba la de las mujeres tradicionales, fue ahí donde en verdad me percaté que era una líder, y muchas veces decía para motivar a sus multitudes:

----- Los caminos que yo ando, son caminos del amor, son difícil de alcanzarlos, pero guardan redención.

Unos aplaudían y otros decían:

Eres la excepción del corazón te queremos con amor.

Cuando la líder estaba frente a su pueblo, su presencia era una fiesta, entonces ella discurseaba:

----- Gracias a Dios que el sol salió, otórgame la gloria, otórgame el amor, dame la esperanza de tu redención.

Hay un nublado en el firmamento, que está amenazando, con crear tormento.

Yo tengo un estilo, de desviar la depresión, cuando suele amenazarme.

Con visitar mi Cantón, le defino la esperanza, de la gracia del amor.

Todo está organizado bajo el sol, si esperamos en Dios, habrá justicia y redención.

Yo que estaba frente a ella, opté por expresarme a mi manera:

Y vociferé, cuando dijo Neruda que "los marineros besan y se van, que una noche se acuestan con la muerte en el lecho del mar".

Sentí que mi mirada se enturbiaba y que mi vista me lloraba, mi padre fue marinero, beso a mi madre y le dejó un encargo, mi amada que miró a mis ojos, descubrió que mi mirada, aún continuaba enturbiada, con un abrazo me consoló, y el esplendor de mi espíritu entre mis brazos experimentó.

Se quejó de la turbulencia de mi fuerza, y le respondí, no te sorprendas,

Que así somos los huérfanos cuando experimentamos la ausencia de nuestros procreadores, del ser amado, percibimos su cariño, como un abrazo maternal, o viceversa, nos sentimos como los desamparados que encontramos un albergue en los brazos de aquellos,

Ella me mimó con ternura y me dijo:

----- Seré para ti el padre y la madre que cumplieron la misión de concebirte y regresaron a su lugar de origen, para que tú progrese en esta vida terrenal, y regrese al sendero del umbral, cargado de gloria y bienestar.

Entonces la líder me habló en una parábola anecdótica y me dijo:

------ He sufrido en el silencio que nos ha otorgado el tiempo, y he sentido del tormento que siempre ha sufrido el pueblo.

La esencia de la naturaleza, acomoda el dolor y la tristeza, según el karma que a la vida estresa.

Entonces todos los que escuchamos lo que dijo, aplaudimos, forjando el destino, en el camino y decidido volvimos a escuchar su pronunciar y agregó:

Vi que el éter de los cielos descendía sobre las aguas del espíritu y se descubrió una morada secreta que nos conducía al camino de la verdad que sobrevolaba más allá de la conciencia limitada dando pie a la erradicación de la falsedad, en una sociedad de perversión donde se permitía mezclar los gansos con los gatos para sembrar la confusión en la cultura del latrocinio, donde el abogado que se suponía que debía estar del lado de la justicia, había perdido los niveles de ética para fomentar la falsedad, ejercitando una doble moral, fingiendo que te representaba, iba aceptando soborno de la parte contraria.

Hipocritasssss, la maldición de los tiempos caerá sobre tales hipócritas de generación en generación, por haber recurrido al mal uso de ese libre albedrío, que al parecer libertad te envolvía más en la prisión de la eternidad para que te sintiera atrapado en tu camino, permitiendo que la marca de la bestia se reflejara en tu existencia, violando las normas pre-establecidas por aquellos que han sido comisionados para defender a un pueblo al que han arruinado.

Quisiera describir la maldad de los villanos, quiero verlos cara a cara para reiterarles "que a los villanos y a los fraudulentos, se les está prendiendo un fogón por dentro, que pronto caerán de su pedestal, y acontecerá en lo natural, y lo que han robado, lo retornaran."

El problema de la mafia contextual, es que ellos se ofrecen para reclamar, y después, se les hace difícil entregar, lo que a los dueños les deben reportar.

Las monedas se habían degenerados, se usaban más para la guerra y el pago del pecado.

Estamos en un plano donde hay que estar fortalecido, para librarse de la malicia y la maldad de los perdidos, que en su ignorancia oran por mirarte herido, porque ignoran que no forjan tu destino.

En el camino ya trillado se vislumbra, a donde va la vía que se ha de transitar, y la verdad es, que la fe es como un radar, que te va indicando a donde debe llegar.

Los villanos, carecen de bondad y tierna integridad, malvados por nacimiento, sin piedad ni sentimientos que no sean de sus maldades, ellos han sabido que cuando un germen se introducía en una parte del cuerpo, si no era eliminada a tiempo se expandiría y corrompería el concepto, como la manzana podrida que dañaba el árbol completo, y en ese entonces la tierra estaba invadida por las peores lacras sociales que habían sido diseminadas por el planeta.

Ellos serían el motor y la razón del gobierno de la bestia, que sería la justificación profética de las sagradas escrituras.

El caso es que la líder, las multitudes y yo, llegamos a la morada de la bestia, quien a pesar de ser un hombre hermoso, tenía en su corazón la peor indignación para la destrucción, sin embargo, ante nuestra presencia, la bestia había quedado inhabilitado en el espíritu y el, con sus séquitos habían sido capturados, mientras las multitudes laureaban victoria

.Él con un alto descaro de su hipocresía, pidió la clemencia que nunca había tenido para sus víctimas, y que nunca tuvo con nadie

La bestia había quedado inhabilitado en el espíritu y la líder la multitud y yo, los habíamos conducido al borde del abismo de donde no podrían regresar, Y él y sus séquitos fueron empujados al abismo, y la tierra que en ese entonces estaba secuestrada por la oscuridad, una vez, destruida la bestia, el planeta se embelleció, las arboledas poblaron la tierra, habían reaparecidos con el verdor clorofílico, el sol brilló más allá de la paz, y el amor tomó posesión.

Las generaciones que se habían graduado de todo lo vivido, regresaron al mundo del ungido y allí la paz y el amor, que había sido la fuente de una nueva concepción, facultando a la tierra hasta un nuevo renacer.

Y dicho así, en un abrazo fraternal, nos fundió en el cuerpo de todo elemental.

De ahí surgimos con cuerpo de luz que ningún humano individual, podría contemplar,

Habíamos despertado en la auténtica vida, porque lo que habíamos experimentado en la tierra, había sido un sueño de corta duración, aunque en la tierra se hubiese vivido experimentando según la limitación de cien, a cientos cincuenta años.

Sin embargo en el plano sublime, era diferente, debido a que allí experimentábamos la eternidad en cualquier dimensión, del plano a donde nos hubiera tocado habitar.

En cambio, mientras estuvimos en la tierra, vi que un alma que creí sin destino, aguardaba sin rumbo para irse conmigo.

Durante el periodo de apocalipsis, la infiltración de la obscuridad, deterioró a la sociedad por lo que la justicia del sistema, había caído en manos de rufianes, dejando de ser confiable.

Es por eso que la justicia de un sistema no podrá ser confiable, siempre que sea ejecutada por rufianes.

Profanadores de himen, violadores de inocentes que han hecho del dinero, la pericia de la injusticia, para hacer de los espíritus glorificados, Ángeles caídos para corromper a la generación, llevándolo en otra dirección de la vida de su asignación, o de su selección.

La multitud estaba enmudecida y la líder fue activando su vida y al tiempo que la vi señalar con un dedo, indicando por donde debían ir. Era tan grande el poder de su indicación, que hombres y mujeres marcharon como correligionarios y entonaron el Himno de la redención, donde la fuerza de tales expresiones desarmaba a las fuerzas contra motines que se atrincheraban para impedir el paso,

También yo, estaba consagrado. Marchando al unísono junto a la líder de la esperanza y la glorificación, su amor era puro, su disposición real, era el espíritu de Dios en ella alistado para doblegar a los hombres.

La policía, ese cuerpo siempre dispuesto para frenar y apalear a los de abajo, por primera vez se habían echados a un lado.

El pueblo marchaba frente a su mirada de la líder, y yo junto a ella, la admiraba sin decir nada.

Habíamos tomados el gobierno de la humanidad, el espíritu de Dios, no toleró más y la revolución que clamaba por un mundo mejor, se había tornado en plena redención, todo se había transformado, el hombre había logrado lo que nunca se había imaginado, el sol se había serenado una atmosfera de amor, a todos los había arropados.

Y todos aparecimos en otro plano, y resultó que aquello que nos mantenía consternados, no era más que un sueño que parecía olvidado.

Todo lo teníamos a nuestro lado y la vida sin ambición ni desesperación se había armonizado.

La líder y yo éramos dos siluetas con cuerpo de luz, en el plano de la eterna juventud, habíamos liberados a grandes masas del plano de la zombificación, allí no se chateaba porque el poder era directo, nadie se aprovechaba de nadie porque la hermandad era de paz.

Era un plano sin guerras, porque a nadie le interesaba controlar a nadie, porque todo estaba para todos,

La lucha de lo contrario se había suprimido, porque el destino, se hizo en el camino.

CAPITULO XIV

Gracias señor por cada momento

de mis movimientos.

Gracias que tus vastas glorias,

ya me han liberado de tanto tormento,

Debo darte gracias por todas las pautas

de las grandes glorias de mis esperanzas,

y te doy más gracias por las bendiciones

que me atrae la causa que tu decidiste en mis añoranzas.

MI AMOR DE TECNOLOGIA

Por lo que veo cada día, hay una sorpresa de ironía, donde la vida te llevas a ensayar todas las respuestas que amerita la existencia.

Decía mi abuelo que quien resistiera los embates de la tercera década del siglo XXI sin enloquecerse, se enternecería, y seria maestro del tiempo, y lo cierto era, que no había razón para dudar sus predicciones

Y era que corría el año 24 del siglo 21, y un gran caos, se había apoderado del planeta, solo el amor sostenia tanta confusión, pero el amor había perdido su estilo de sentir, y se confundia la gimnasia con la magnesia y la calabaza con la auyama, y muchos humanos andaban sin rumbo, persiguiendo la felicidad, tras la inestabilidad, y algunas personas dejaron de sentirse comodas con otras y era mas fácil la desintegración de una relación, que los acuerdos para una unión

Siendo asi, yo estaba muy sensible porque había terminado con mi novia, y estaba caminando por el centro de la ciudad, persiguiendo un ambiente que me atrajera paz.

Fue entonces cuando entree a un centro de alimentos donde servían desayuno y café, allí conoci a Virginia, una chica amorosa y comprensiva y me fui encariñando con ella, y hasta había dejado de comer en casa de mis padres para comer en aquel lugar mágico donde Virginia se había vuelto mi comprensión elegida, y aun pareciéndome poco buscando la manera de consagrarla a mí, le definí mi cariño en el:

SENDERO DE LUZ

El amor equilibra la vida, el amor ejendra la ilusión.

Es sendero de luz que te abre el camino de la plenitud.

Por amor se preserva andar en la tierra tras la redención de la comprensión

El amor es lucero de luz, que enjendra virtud.

La boca mastica pero no dijiere, por eso el amor no es simple expresión.

Es algo profundo que emana con gloria desde el corazón.

Es un dardo hipnotico que le entrega al hombre la transformación.

Es algo divino que te das la gloria o marca tu destino,

Y es que con amor, tu encuentr5as el camino /

Motiva la causa de andar por la vida, por donde te inspira.

Renuncias a fortuna detras de una gloria que otorga el amor.

Pienzas que moriste cuando un tropezón hiere tu ilusión.

Por eso el amor es máxima gloria de tu corazón.

Cuando te enamoras tu pecho se crece, tu vista se expande y puedes ver al sol.

Y es que no hay razón que impida a tu amado dar su comprensión.

Al escucharme decirle lo que siempre quiso oir, todo su caparazón fue consagrado a su amor, y la cibernética impregnó su corazón porque desde entonces ella me mostroo su condición y nuestro amor se perpetró, y seguíamos buscando motivo para vernos y hablar y apretarnos las manos, me parecía que realmente estábamos enamorados, y entendiéndolo así por ella me fui tornando más confiable, el caso es que mientras estuve con ella cerré los ojos y baje la cabeza para no verme inclinado a ceder a las provocaciones de las de más, y para confirmarle mi decisión le declaré mi amor en mi

SUEÑO DE ETERNIDAD

Al nacer la claridad del día, veo surgirla sonrisa de tu alma, y al mirarte puedo comprender que yo soy tu amor y tú eres mi calma

Renacer en cada expresión, es la solución de la comprensión.

Habitamos dentro de este cuerpo, y lo cierto, se guarda por dentro.

Al saber, podemos entender. Que en el despertar hemos de trazar

Camino al andar.

Siendo tú lo que antes fui yo, me haces comprender el pleno poder.

Si algo que parece extraño me ha de acontecer, que no llore el alma, porque lo que es fuerte, me traerá calma.

Cada día, me vuelvo tu esencia, porque en ti, mora mi conciencia.

Con el paso del tiempo he ido entendiendo, que tú eres el farol de la luz, y yo la claridad de tu pulcritud.

Somos los dos, en la justicia y en la libertad, luz de la verdad, que atraemos paz

Somos el equilibrio para la conciencia de la humanidad.

Lo que todos ven, no es lo que ha de ser, y en la cotidianidad realmente somos, el profundo sueño de la eternidad,

Entonces había sonnado que en el tiempo, los amores efímeros serian tormentosos que el alma arrastraría como un concierto de coplas generadas en desacierto por no ser el sostén de mi querer/

Pensando en la distancia de los años me apresuraba frente a las maravillas que generaba mi alma, a todas las pasaba por las armas y de ellas acumulaba una tierna encrucijada.

Yo le impregnaba el germen de mi amor, y era que ella ignoraba quemas allá de esta vida, todas fueron mis amadas, y yo como ellas, estaba enamorado.

Cuando superé el juego del destino latiendo en mi camino, supe que podía resplandecer, y entendía que en cada amanecer tú ya estaría conmigo.

Asi, si eres mi amor, ven besa mis labios y camina conmigo, porque eres el resplandor de mi destino.

Yo sentí que estaba como alocado y era que estaba enamorado, ella lo sabía y sonreía. En mia había encontrado:

EL ALMA DEL GUEGUERO.

Soy como el guerrero solitario que ha luchado contra el mundo.

En algunas batallas he agonizado pero al pensar que tu existe en algún lugar, me he vuelto a recuperar porque tú eres la auténtica razón de mi existir.

Porque sin tu presencia es como no vivir, porque tú eres mi ciencia y el perfil de mi conciencia, y la razón en el trayecto de cada existir.

Tu ha sido el nido que en la vida encontré, y el camino que por siempre andaré.

Eres el resumen de todo lo vivido.

Te buscaré, y donde esté, te encontraré.

Y volaré sobre la brisa que marca tu camino, sobre las huellas que dejas tú destino.

Y allí estaré a tu lado, fuertemente agarrado de tus manos.

Cuando ella escuchó las palabras expresadas, pareció como si los ojos intentaran salirse de sus orificios y por un instante me pareció como una muñeca ingenua, dispuesta a someterse a la más consagrada entrega.

Tomada de mi brazo fue conmigo, nos dirigíamos a una habitación de hotel pero al entrar a la habitación me dijo:

---- Te he cogido mucho cariño, pero no puedo tener sexo contigo.

Yo, un poco sorprendido le pregunté:

--¿Qué, acaso eres virgen?---- Ella me respondió:

---- Si de eso se tratara, saltaría sobre tus espaldas.

¿Cómo? Acaso eres lesbiana?

---- No, tú sigues frio, sin llegar al rio.--- Me dijo en un acertijo del destino.

Yo, me desesperé y le pregunté:

----- Amor, acaso yo no te gusto?

No digas eso, tú sabes que me encanta, en la vida real, tu seria mi tipo de hombre ideal.---- Dijo.

Entonces sentí que mi corazón se moderó y mi alma se afianzó.

Y le dije:

---- Debo confesarte que nunca antes con ninguna mujer me había sentido como me siento contigo, te amo y quiero permanecer a tu lado para siempre.

----Yo también te amo, pero para siempre?--- Me replicó,

Yo un poco apenado por tal cuestionamiento y por la pausa de inseguridad, me vi precisado a cuestionarla:

¿Qué está pasando, acaso no quieres estar conmigo para siempre? o, es que no me quieres?---- Guardó silencio, le pedí un beso y me lo dio, mientras mi corazón se emocionó:

---- Oh mi amor, no sé cómo no lo adivine ¿Estás en tu día de menstruación?

---- No te me sorprendas cariño, no es nada de lo que crees, eres el único y el primero al que he amado, tu ha sido la iniciación de mi corazón.--- Dijo/

---Entonces, de qué se trata.

==== Yo no he querido tener secreto contigo, pero lo cierto es, que yo no soy como las de más.---- Dijo.

---- Eso no es nada nuevo ya eso yo lo sé.

---- Lo primero que debes saber, es que yo nunca he tenido menstruación

---- No entiendo, eres guy?

---- No, prefiero ser lo que soy antes que que un Guy.

----- Y que es lo que eres.

=== Ahí te vas….. Soy un robot recreado por la inteligencia artificial, Estoy en un proceso de experimentación, no puedo tener sexo contigo porque aun, carezco de vagina--- Me dijo.

----- Oh mi Dios, qué es esto?... A donde llegaremos, tus eres la que eres, y actúa como una humana.

> --- Es correcto, pero así como el humano muere por falta de oxígeno, así también yo agonizo si no hay electricidad y si me descargo dejo de funcionar, que es otra forma de morir varias veces frente a mi forma de existencia.---- Me dijo,y al escucharla sentía como si el espíritu saliera de mi cuerpo,

En ese momento desperté, me arrodillé y oré, le daba gracias a Dios, porque todo lo ocurrido, no era más que un sueño.

Ese día amaneció domingo, y yo había despertado a las diez.

CAPITULO XV

No es nada fácil escribir la verdad,

de corruptos y perversos,

Gana la enemistad.

MI AMOR DE CABLE Y ALAMBRE

Los secretos de la vida resultan indescifrables, desde el momento de la creación se expandió la experimentación de manera que cuando la limitación te asaltas, siente o experimenta la depresión, que es una forma de bloqueo al alma, donde tu corazón siente que se agotaron los caminos, y que no hay otra forma de seguir contigo, y tu empiezas a ignorar que tú eres tú, y que nada puede sustituirte, entonces tal depresión te lleva a experimentar, cosas que frecuentemente están ausente de la cotidianidad.

El sadomasoquismo, es una forma de experimentación donde la gente se somete a la perversión que produce dolor, dificultad y humillación, obteniendo placer a través de la crueldad. O el dominio provocado o ejercido por otra persona contra uno mismo.

Lo cierto era que Nathalis me había conducido por un camino de adversidad a mi destino.

Nos habíamos contactados por el internet, teníamos más de un mes que nos hablábamos, hasta que optamos por encontrarnos, la conocí un domingo y como siempre, nos encontramos en el parque, era tierna y hermosa y con un brillo en los ojos, que me inducia a hacer lo que ella quería,

Insisto, ese angelito parecía que no rompía un platito pero lo cierto era que rompía la bajilla entera, guao, es verdad que "detrás de la belleza se oculta la corrupción."

Realmente no sé si es bueno lamentarse pero en realidad, a mí me pasa por carecer de un auto-control, aunque no debo lamentarme para no ser compadecido.

Pero sin darle más vuelta al trompo, entendemos que hablar, es una via de catarsis, y la conversación es redención del corazón, de alguna manera tengo que desahogarme y ustedes son la expresión de mi razón, porque me escuchan con emoción, Nathalis me pone a sufrir con su condición , que es una especie de locura con dolor, ha querido hacer de mi un sádico pervertido, pues yo quiero darle amor, y ella me pide dolor.

Me ha convertido en sádico y cuando le hago el amor, quiere que la ponga frente a la pared para que la golpee para verla estremecerse de placer, pero nada termina ahí, pues a ella le inspira usar el látigo azotando mis espaldas para reír y disfrutar, pero todo esto no es más que una patología que la induce a querer ejercer poder sobre mí, es una sadomasoquista, y sin que haya pretendido involucrarme en algo de esa naturaleza, no puedo negar que a mí, todo esto me ha generado un dilema que da pena, quiero abandonarla, pero la amo, y por eso de que "ya sea cordero, vengase fiera, el hombre hará mujer, lo que tu quieras", he persistido en complacerla, y aunque ha pasado el tiempo, aun me tiene atado a su madriguera.

Uuhy, que locura! El dilema es si le cuento o guardo silencio, porque aunque se que un caballero no tienes memoria, de alguna forma tengo que desahogar el alma.

Todo lo dicho, nada viene siendo cuando se compara con lo que se ha hecho.

Más bajó una queja, no faltó el momento de aquellos tormentos, diciendo lo cierto:

Y todo acontecía en la medida que pasaban los días, yo estaba enamorado y ella me correspondía, pero traía una asignación de vida que al accionar me dolía, yo preguntaba porque? Pero más tarde pensé, Karma de otra vida donde yo le hice lo que ella me hace estoy atrapado y nada se deshace, los pecados se expían, las culpas, se pagan.

Pero para mí, era tan hermosa que su belleza la había vuelto caprichosa, si, no puedo negarle que su belleza más que su condición, casi me arrastra a la perdición, tal vez me tenía ciego y sedado, para que bajara de mi pedestal y me imbuyera en el despertar.

Sencillamente la invité a un resort donde la estuvimos pasando de lo mejor, si, allí pasábamos una semana formidable, muy amena, pero algo ocurrió y mi fe en ella se quebrantó.

Erala primera vez, a lo largo de mi existencia en que yo atravesaba, o mejor dicho pasaba por una vergüenza ajena.

Todo sucedió el último día en que abandonábamos el resort, mientras yo me adelantaba a liquidar algunos consumos de la habitación, ella empaquetaba la maleta donde se guardó todo lo que encontró, incluyendo las propiedades del resort.

Una vez empacada salió a recepción o al lobby donde le aguardaba y me dijo:

---- Por mí, todo concluido.

---- Está bien, dame unos minutos.

En lo que concluía de cancelar la deuda del risort, el camarero encargado de la habitación aprovechó para percatarse de que todo estuviera en orden, y por un momento hasta yo pensé que realmente todo había quedado en orden, pero al salir por la puerta que nos permitiría abandonar el resort nos esperaba el camarero encargado de la recamara y nos dijo:

---- Dama y caballero, espero que su tiempo agotado haya sido placentero, pero me gustaría saber si van a dejar o a pagar las propiedades del resort que echaron en la maleta?

Yo imbuido de sorpresa, la miree en silencio, ella me abrió los brazos.mire alcamarero y le replique:

---- No entiendo de que hablas!

---- El que empaco la maleta, erróneamente también deposito en ella, algunas propiedades del resort.

--- Oh, ahora entiendo, lo siento mucho, la vamos a dejar.---- Le dije.

Abrí la maleta y él comenzó a sustraer, todas las propiedades del resort, para limpiar mi conciencia por el pecado de mi amada, le di una jugosa propina al camarero, quien por la sonrisa que irradio, me dio la impresión de que estaba feliz de que Nathalis intentara hurtar las propiedades del resort.

Abandonamos la estancia en silencio, sin decir nada, pero ella portaba su cara de descarada a pesar de que yo iba embargado de una vergüenza nunca antes experimentada, la llevé a su casa y sin decir nada, al otro día me fugué para los Ángeles, y allí reflexioné.

POR SIEMPRE ESTARE'

Te has intentado ocultar en la sombra de la esperanza, tratando de crear un cataclismo al centro de tu destino, para nada, pues yo soy la esencia de tu ser en cada amanecer y si pretende vivir sin mí, nunca estarás completa, si te faltaras yo, pues soy el complemento de tu ser.

Soy lo bueno y lo malo, sin ser menos ni más de lo que soy.

Soy como un marinero de navegación, que zarpó de puerto en puerto, sin pretender marcar ningún amor

Es cierto que busco el amor, soy como un marinero de grata expresión, si alguna me quiere le entrego mi amor, soy como el marino que otorgó consuelo, sin haber naufragio que pare mi vuelo.

Cada puerto me da una ilusión, marinero que comprende el riesgo de que en cada puerto aguarde un consuelo.

Marinero de honor que lleva en su barco grata comprensión.

Vamos navegando, salvando naciones y ofertando amor.

Por fuerza emigramos, y en cada lugar de un puerto explorado, un amor dejamos, más con la esperanza de poder zarpar hacia aquel lugar, donde un grato amor, nos habrá de esperar.

Alzando las velas, volvemos a zarpar, pensando volver, hacía aquel lugar

Fue entonces cuando adiviné, que un nuevo camino debía de coger y que hacia otro destino tendría que correr.

Déjenme aclararle para que me entiendan.

Permítanme contarles para que me aconsejen si debo retirarme o persistir en esto:

Nathalis y yo habíamos estado relacionado sexualmente un día antes de que yo buscara la forma de huir de ella, se llegó el momento en que empecé a entender, que ella me estaba conduciendo por un camino por donde yo no podría resistir y de nueva york corrí para los Ángeles, donde me oculte por un tiempo, pero mientras yo estaba huyendo de ella, la muy sagaz, viajo a Méjico donde tenía una conexión de adquisición, y allí, logró sobornar a una enfermera que a su vez se encargó de distribuir algunos dólares a otros tantos empleados del hospital, para hacer desaparecer un niño recién nacido que cayó en mano de ella, de forma tal, que el niño coincidía en edad con la fecha en que tuvimos separados, de forma tal que ella había insistido en que mi hermano le entregara el número de teléfono de donde yo me estaba quedando, sin embargo, mi familia me protegía hasta donde podía, el problema estaba en que su locura crecía cada día, aunque a veces pienso que la culpa fue mia, por permitir que todo llegara tan lejos

La verdad era que ella a través de testaferros se había robado un niño, y un tiempo después le hizo saber a mi familia que era necesario que yo apareciera para que reconociera a mi hijo.

Antes tal afirmación se me generó un dilema que me indujo a indagar la veracidad de la afirmación, entonces decidí aparecer, y resulto que había pasado un año y seis meses desde que había decidido alejarme de Nathalis, todo coincidía, nueve meses de embarazo, mas seis meses de nacido, me fue disipando la duda, pero ella insistía en no permitirme hacerle el ADN al niño, ella alegaba que no había motivo para que yo dudara de ella, y como yo la quería, pues volví a caer en su juego, hasta que un día amanecí dispuesto a todo y le pregunté:

--- Es de verdad que el niño es mío?;;;

---- Y todavía lo dudas?--- Cuestionó con el peor de los descaro.

Fue cuando decidí tomar una decisión radical, hasta que le dije que me facilite ver al niño y accedió, para el día que habíamos acordado que me presentaría a "mi bebé".

Para ese día, envié a prepararle una cadena con mi nombre que decía "Gerinerdo Atawalpa Junior." Y fui y se la puse, a partir de ahí, lo lleve y lo declaré como hijo mío, y procedí a asumir mi responsabilidad, pero ella seguía en su casa y yo en la mía, pero cuando ella sentía la necesidad de relacionarse sexualmente conmigo, entraba de y en noche por la puerta de atrás, sin que mis padres se percataran, pero como ella tenía su condición de sadismo y masoquismo, para mí era un gran sufrimiento porque me obligaba a maltratarla para su excitación y satisfacción, ya yo no sabía qué era lo que iba a hacer, pero le seguí el juego hasta que fue posible,

Había pasado algún tiempo, antes de que se pudiera solucionar todo lo acontecido, de todos modos por más que intenté que ella dejara que el niño quedara a solas con los miembros de mi familia, nunca se me hizo posible, y yo no le insistía porque me sentía prisionero de su mirada y yo acababa haciendo lo que ella quería, hasta que un conocido mejicano empezó a llamarme mandilón.

Algunas veces yo salía con ellos a algunos lugares y en una ocasión me invitó a visitar a una prima, y nos acompañó de ella a quien yo le decía cuñado, habíamos ido a Bushwick en Brooklyn, pero el lugar a donde llegamos a visitar a la prima era una especie de burdel clandestino con fachada de casa de familia y resultó que al pasar de la sala de estar

 entramos a la habitación de la perversión, y allí estaba la prima rebeca sentada en una, mesa con tres hombres, la música estaba rasgando el ambiente, y los acompañante de rebeca algo prendido, entonces, apareció un amigo de clever, mi cuñado que así se llamaba, y René el amigo de Clever llegó y saludó a la prima, y la prima Rebecca se había alegrado tanto al ver a su familia que le saltó encima y comenzó a besar y a abrazar al primo y a su amigo, como yo vi que eso era nocivo para el niño, lo saqué de allí, y me fui a esperarlos a dos esquinas del lugar donde yo podía vigilar si entraban o salían, oportunidad que por cierto aproveche para tomar la muestra de "mi hijo" Gerinerdo Atawalpa junior, lo puse a escupir en una botellita que tenía en la gaveta del carro y le tomé algunas hebras de cabellos que guardé en una cajita de fosforo que volví a colocar en la gaveta del carro.

Después de todo esto me percaté, que en el antro, se había armado una pelea porque los hombres que acompañaban a la prima Rebeca, desconociendo que Clever era primo de Rebeca se pusieron celosos y propinaron un botellazo a aquel que lo puso a chorrear la sangre, y René al ver que habían golpeado a su amigo, Clever, se envolvió en la pelea, uno de los parroquianos del lugar que estaba armado disparó hacia arriba lo que atrajo a una patrulla de policía que andaba merodeando en el contexto, yo sin atreverme a aproximarme estaba mirando de lejos, llamé a Nathalis y le dije que salga por la puerta de atrás, porque la policía estaba llegando, ella alertó a Clever y a René, también arrastró con ella a la prima y se fugaron por detrás Clever había desaparecido y después que estábamos a salvo, y que ya la policía se había retirado con la patrulla llena de arrestados que incluían a los dueños del antro, apareció Clever con un pañuelo que hacía de compresa impidiendo la salida de sangre, nos lo llevamos a la casa donde había un botiquín donde le practicamos una curación de emergencia, le otorgamos calmante para el dolor y lo pusimos a dormir.

Una semana después algo insólito había ocurrido, después de hacerse la prueba de ADN al niño que para ese entonces tenía siete años, resultó no ser mi hijo, era cero punto cero por ciento el resultado y ella tuvo que confesarme la verdad.

A fuerza tuve que hacerme cómplice de ella, pues ya había reconocido al hijo como mío, y si iba a las autoridades, por el acto de locura de ella, también yo podía ir a la cárcel, aunque ella nunca me exigió manutención, yo seguía pagándole fuera de corte, ya que el muchacho llevaba mi nombre, ahora el joven es un astronauta al servicio de la nación, de aquellos que fueron a martes en las capsulas exploratorias.

Nathalis capturó a un hombre de grandes recursos económicos a quien azotaba como me había azotado a mí, yo hoy vivo en paz, dándole gracias a Dios, que me libró de aquella consternación.

CAPITULO XVI

Tras del soplo de cada intención,

se oculta un paradigma de emoción,

donde el hombre se hunde,

o encuentra salvación.

PIBA DE REDENCIO'N

Era bella y radiante como el sol, y en primavera mostraba su esplendor, yo la miraba con alevosa conmoción, así aquella inmolación había tocado mi tierno corazón

El anhelaba tener una mujer, y al tiempo señalado tenía que aparecer.

Hizo ruido llamando a la atención, quería decirle al mundo que a él, ya había llegado aquel hermoso amor, sin importarle cómo lo conquisto.

Tocó bocina para ser mirado, lo vi y le dije: sé que andas alterado para que todos vean, tu tesoro anhelado.

Eres gerente de prenda naciente, administra el tesoro como el oro, rindo honor a tu honor, ojalá se preserven como la causa de la redención, dispuestos a erradicar cualquier inmolación

Entonces viendo él, mi buen deseo para ellos, orgulloso de ella me comentó:

--- con esta hermosa vista la estoy mirando, y saboreo su cuerpo sin golosearlo.

En cambio yo le comenté:

Muy acertada expresión, esa mujer es tu galardón, presérvala con amor.

Se despidieron y yo los vi alejarse en la distancia, iban destino a Londres capital de Inglaterra, y del reino Unido, donde se mezclarían con una populación de catorce punto nueve millones, cuyos territorios aguardaban por ellos.

Debo agregar que el Reino Unido es el estado que integran o conforman Inglaterra, escocia, Gales e Irlanda del Norte, siendo Gran Bretaña la Isla principal del Reino Unido, en la que se encuentra Inglaterra.

En realidad la vida guarda radicales condiciones existenciales, ya había jurado no volver a chatear, pero aquella herramienta en mí, se había tornado en una auténtica adicción, ya ni los borrachos ni los narco-consumidores, me superaban, yo volvía y volvía.

A Olimpia la conocí en internet, si, en internet, era de familia Irlandesa, aparentemente rescatada de las malicias callejeras, pero en nueva york, no hay clase sociales, porque allí, se suele confundir el diamante con el cristal del basurero, y hasta los plebeyos acceden a los seres de calidad, por las mencionadas razones existenciales.

Olimpia era una chica de esas que estudiaban con las monjas, rescatada del bullicio de la baja sociedad, pero tenía muchas curiosidades por comprobar, ella desconocía el mundo y cuando creyó que alguien decente se lo iba a mostrar, apareció Gedeón Galembo, aquel venia de un hogar disfuncional, asediado por todas las mañas de un plebe de barrio.

Resultó que Gedeón Galembo y yo, asistíamos a la misma escuela Superior, el, era más extrovertido que yo, él vivía en Harlem y yo en Washington Hight, y Olimpia vivía en Times Square, yo la conocí chateando como siempre, e incluso intenté un acercamiento decentemente con ella, que lógicamente me parecía una chica diferente, ella y yo, éramos simplemente amigos, nos estábamos conociendo, por lo que la invité a una cafetería de la sexta Avenida, próximo a donde yo estudiaba, y ella asistió.

Mientras estábamos allí, resultó que Gedeón Galembo que también tomaba café con otros amigos, desde que me vio acompañado de aquella dulzura, sin ser invitado e inoportunamente, se mudó para la mesa donde nos encontrábamos.

Una vez sentado con nosotros, comenzó a hacer chistes crueles al grado de marearme, pero parece que a Olimpia le gustaban porque el muy maldito le estaba arrancando sonrisas tímidas y tierna.

Yo intentee y el muymetiche y descarado me dijo:

----- Bien por ti Atawalpa, tomaste tu tiempo.

Me fui al urinario y lo dejee al cuidado de Olimpia.

Parece ser como dicen los mejicanos, que en mi ausencia me empezó a pedalear la bicicleta, me tardeé un poco más porque me dio deseo de atender el número dos, y en ese tiempo él le dijo algo cerca del oído y a ella le agrado porque sonrió, ya que yo estaba de regreso escuché que él le decía, también al oído pero en voz alta:

---- "Esa sonrisa cautivante me tienes atrapado y te aseguro que tan solo me induce a decirte que eres bella y tentadora, mi lengua quiere explorarte por todos tus orificios y el camino que no he visto."----- Dijo. Ella guardó silencio antes de responderle:

---- Y tú, eres valiente y gracioso y no respeta ni al oso.

Gedeón Galembo se infló, pero Atawalpa llegó, y la intención moderó.

----- ¡Guao, fue espectacular, ella que era blanca, se le tornó la piel verdosa, y él, que era negro, se tornó azul, desde ese mismo momento entendí que me la había bajado, quise vengarme pero no encontraba cómo, ya que a la hora de ordenar, pagué al instante, y mi venganza se imposibilitó, ya que yo pensaba ponerlo a él, a pagar la cuenta, pero ya era muy tarde,

De todos modos había llegado el momento de retirarnos, caminamos a la parada del tren y cada uno cogió por su lado, pero durante mi ausencia ellos habían intercambiado información, dejaron de chatear conmigo, y chateaban entre ellos,

Había pasado el tiempo cuando supe, que la vida no había sido fácil para ellos, el padre de Olimpia era blanco y no quería negro en su familia, entonces cuando Gedeón entró en detalles contándome que Olimpia se había mudado con él, y que al acabar la escuela superior se irían para donde una tía de ella que vivía en Londres, y por eso ellos habían pasado a despedirse de mí.

Aunque habían huido para Londres las desavenencias entre él y el padre de Olimpia continuaban y un día de desventuras, mientras caminaban por las aceras de Londres, se aproximó a ellos un hombre vestido de policía que les había advertidos detenerse sin intentar nada sospechoso lanzaron un bazucaso que alcanzó a Gedeón matándolo al instante e hirió a Olimpia dejándola en condiciones críticas.

"Los animales perdidos se creen que yo soy su hijo,

que de forma fraudulenta, pueden alterar mis cuentas,

y robar mis pertenencias, sin aclarar sus bajezas

no me han dado explicación,

antes de su destrucción:

Aconteció que el tierno morenito simpático y extrovertido se juntó con aquellos que no estaba llamado a juntarse, llegando a ser mandadero de la mafia Rusa, había intentado ganarse la confianza de aquellos y ellos por corresponderle, le asignaron una prueba que parecía simple, y consistió en que Gedeón trasladara un paquete a un deposito secreto, pero como la curiosidad pudo más que la bondad, él quiso percatarse del contenido del paquete y con sus unas de vampiro caos, movió la cinta de un lado del paquete y al ver el contenido de aquel se vio tentado a sustraer una parte del contenido:… No, no anden de mal pensados, que al gato ese le gustaba impresionar, pero jamas iria a involucrarse con drogas, el paquete simplemente contenía 500,000 de los que sustrajo una porción que al ser contado sumó, cientos cincuenta mil (150,000, que era menos de la mitad de lo que contenía el paquete, pero eso le seria suficiente porque si lo tomaba todo, no habría lugar donde guardarlo, ya que tendría que justificarlo, entonces una vez sustraído el monto mencionado, entregó el resto en el depósito, de una vez empezó a hacerse ilusión y a pensar cómo entraría ese dinero a New York.

Ignoraba aquel malandro de buen gusto que al momento de entregarle el paquete, le asignaron a alguien que lo siguiera hasta en el perfil de sus movimientos, por eso fue fácil localizarlo, a la hora del ajusticiamiento.

Krucho Golvacho, Jefe de la mafia rusa, desde el mismo momento del reclutamiento, había empezado a tomarle cariño, porque lo vio como un futuro sucesor, una persona joven, audaz, arriesgado y dispuesto, y distinto, sobre todo porque era el único negro entre ellos, por eso había decidido encargarlo del envío para probar su lealtad.

Se vio Gedeon obligado a comentarle a Olimpia sobre el dinero y esta se vio precisada a convencerlo de que sacaran el dinero de casa de su tía y que fueran al banco y rentaran una caja, que le permitiera dejarlo sin que nadie se percatara, pero como le tenían vigilancia, ellos no podían accionar sin que la mafia estuviera enterada, esa mañana era martes, eran aproximadamente las 10 y 45 antes meridiano cuando un emisario de la mafia se le aproximó le comentó susurrándole al oído:

---- Entrégalos sin violencia, la familia tiene un código de advertencia que violaste.---- Dijo, mientras lo apartaba del maletín con los cientos cincuenta mil, antes de que Olimpia se percatara de lo que estaba aconteciendo, desde que el emisario de la mafia se apartó, una bazuca había sido disparada asesinando al instante a Gedeón, quebrando su cuerpo en pedacito, mientras que Olimpia trataba de asimilar lo que estaba ocurriendo, hasta que se derribó, también ella había sido alcanzada, herida en ambas extremidades.

Olimpia habia sido tratada durante un tiempo, sin embargo las detonaciones había afectados los nervios que impulsaban el proceso de locomosion, impidiéndole mantenerse en pie, viéndose aquella precisada a permanecer en silla de rueda.

Los familiares de Gedeón, habían logrados extraditar el cadáver de aquel a New york, con ayuda de la embajada de estados unidos en Londres, mientras Olimpia por su condición continuaba donde su tía, sin embargo, seguía siendo vigilada por la mafia rusa, ellos pensaban que Gedeon había llegado a revelarle secretos de la mafia a Olimpia y no querían que esta fuera a difundirlo entre otros.

DESHONOR

Todo el mundo quiere robar, ya no hay respeto ni solidaridad, si a un abogado quieres contratar, a la parte contraria se venderá, y lo que es tuyo te lo querrá robar, es lo que pasa en nueva york, a una autoridad mayor, se debe reportar, para que la justicia aborde ya, y los minoritarios de conciencias tengan felicidad, porque la mafia de la ciudad, la justicia tratan de controlar, para que sus mentiras sean verdad, y un juez y un fiscal, busquen legalizar, los fraudes de los sátrapas de la iniquidad, que a los bandidos, buscan inmunizar, en una democracia de confusión, donde lo que debe ser gloria se vuelve deshonor.

¿A dónde está mi galardón, que maliciosa y silenciosamente un abogado criminal, guarda con pasión , y me niega el derecho de la accesibilidad para mi posición. Me representa haciendo fraude y violando la ley para perjudicarme

Cuando asigna Dios, nadie puede

robar, pues el karma acumulado a la ciudad puede afectar.

Con la gloria de Dios, nadie puede jugar, o sufrirán la pérdida total, del triple de lo que con malicia me quisieron robar.

El mundo está invadido por depravados, libertinos y bandidos. Sin que importe el propósito de los que te han perseguido

Si eres firme, y la fe no has perdido, Dios, estará contigo y te devolverás, todo aquello que parecía perdido.

No importa el propósito de los que te han perseguido, por encima de sus intenciones, Dios, estará contigo.

Habían pasado algunos años desde el incidente que terminó con la vida de Gedeón, aunque Olimpia y yo no estábamos en contacto, muchas veces yo recibia mensaje silenciosos o llamadas don se me quedaban en silencio, se negaban a hablarme hasta que un dia siendo aproximadamente las diez de la noche, tiempo de New York, recibí una llamada que respondí y del otro lafdo guardaron silencio y comencé a decirle:

---- Que paso con la muda hermosa que no habla, será que le comieron la lengua los ratone?...

---- ¡Hola, Gerinerdo Atawalpa, como estas? Soy yo Olimpia.

¡Cielos, están resucitando los muertos, que pasó contigo, háblame de Gedeón?--- Comenté.

Entonces ella me contó todo lo acontecido y yo me sentí muy conmovido y consternado a la vez.me sdelante a declararmele

Aunque su familia podía darle todo, ella optó continuar en Londres y para no depender de nadie, ella consiguió trabajar con alguien en una compañía de chateo enamorando y timando personas con su rostro de tierna beldad, por eso, le pagaban un salario semanal, luego se había cansado de la calidad del trabajo y decidió volver con su familia a Nueva York.

Al enterarme de su decisión, tratando de ganar tiempo me le declaree le dije:

---- Estoy tan contento con la noticia de tu regreso, que no pierdo la esperanza de mirar por tus ojos y respirar por tu naris, desde que yo te vi, me enamoree de ti.

Hay Atawalpa, que no daría yo porque tu me aceptara en la condición que estoy, ya no es lo mismo, ahora estoy en silla de rueda.---- Me dijo.

---- Mi amor esta por encima de tu condición, nosotros no somos este cuerpo, lo que mas me interesa es lo que tu llevas por dentro.--- Le respondi y ella se conmovio.

Nos hicimos novios por internet, y habíamos fijado fecha para casarnos, después de eso, la familia de ella se enteró y la mía también, parece que todo seria una maravillosa idea, don Pascualo que era el nombre de su padre, racista y discriminador, que no quería saber del morenito de Harlem, le había tomado cariño a un Hispano de Washington Heihtgs, lo cierto era que Jeffrey mi cuñado hermano de Olimpia, se había vuelto mi hermano, y don Páscualo mi padre,

Corría el mes de Octubre, habíamos acordado que ella regresaría para el dia 15 del mes, ya que habíamos planeado compartir con la familia antes de las bodas, que se había planeado para el 10 de diciembre, había un gran entusiasmo con esa bodas, pero dicen que la felicidad es un cordón de esperanza y de pasión, que te puede conducir a la gloria o a la perdición.

Ocurrió que la mafia rusa, mantenía a Olimpia vigilada, ellospensaban que Gedeón había compartido secretos de la organización con ella:

"Ten cuidado con quién

y por donde caminas, ```````````````````````````````

 en una nación de conspiración ,

juntarte con gatos te causas dolor:

Olimpia había abordado el avión de la compañía brisas de America, a las tres de la tarde, con destino a Nueva York y a los quince minutos habia explotado en el aire, aunque nadie se atribuyó el atentado, no había dudas de que la mafia rusa había colocado una bomba a control remoto que hizo volar el avión.

Al Enterarnos de la noticia todos caímos en depresión, por más de tres meses estuvimos tomando terapia familiar, después de un tiempo y para compensar Jeffrey se casó con mi prima Fátima.

Don Páscualo no volvió al trabajo y Jeffrey y yo quedamos encargados de su fábrica de fornituras ya que aquel no había logrado aceptar con resignación la perdida de Olimpia.

Olimpia se había tornado para mí, en un Ángel de orientación, y cada noche la veía en mis sueños sobre una esfera donde me mostraba el trayecto hacia la luz.

CAPITULO XVII

LA FILOSOFA

Chateando dispensaba la condición de aburrimiento que generaba la condición antisocial de algunos humanos, que intentaban con cegueras conducir el planeta a una condición abismal.

Pero Este día ha sido un día estresante, me levanté de la computadora, y me conduje fuera del edificio, tomé una respiración profunda hasta que me apareció una señora que residía en el segundo piso del edificio, yo residía en el tercero, y quería que le hiciera el favor de ayudarla a mover unas cinco cajas que tenía en su sala para dejarla frente al edificio, ya que un poco después iría alguien por ella para llevarla a otro condado, me habló de pagarme y tal promesa por un momento me hizo olvidarme que yo era un chateador.

Alicia y yo nos hicimos amigos y siempre que ella necesitaba trasladar algo a un lugar hablaba conmigo, ella tenía su carro pero después de la muerte de su esposo no quiso mover el carro porque le tenía terror a los caóticos conductores, por lo que conocerme a mí fue para ella, como un refresco en el desierto.

Alicia se portó como una verdadera amiga, a la hora de pagarme me preguntaba cuanto seria el precio, y yo optaba dejar a su discreción que ella pagara según sus posibilidades y valoración, y siempre me pagaba más de lo que yo esperaba.

Las cajas eran conducidas a una agencia de envío que la hacía llegar a Venezuela donde eran recibidas por una hermana para surtir un negocio de abarrotes donde se vendía alimentos, cosméticos, fantasías y artículos generales.

Era una mujer sabia, y tenía la facilidad de palabras por lo que le era fácil comunicarse y tenía un alto criterio del desarrollo evolutivo de la humanidad, y del ejercicio le las políticas de desarrollo del hombre y cómo se había logrado confundir el derecho con el deber.

Cuando nos movíamos en algún servicio ella disfrutaba de mi compañía y yo de la de ella, era una mujer entrada en edad, de la tercera edad, pero conservaba la energía de la juventud con una fortaleza de espíritu y verdad, para mí era como una madre, yo vivía impresionado con su sabiduría de la manera en que dirigía su comunicación y me adhería a la causa de su saber y la escuchaba decir con grato placer:

----- La luz es la certeza de que hay oscuridad, para que se justifique la claridad, por eso la claridad, facilita identificar el sendero para caminar, porque mientras la oscuridad te induce a dormir, facilitando el camino adverso a la verdad, la luz te haces despertar.

Entonces al escucharla, quede tan impresionado que supe que no era una mujer cualquiera, e inmediatamente busque la forma de estar comunicado con ella porque me interesó su disertación y su habilidad de comunicación.

En una ocasión quise imitar su estilo magisterial y le hable con un alto sentido espiritual y exhibiendo lo que había logrado captar le dije:

------ No sé si estoy confundido, pero siempre pienso en las disertaciones de filósofo y maestros que como usted tienen un alto sentido del poder y el saber, y pienso en el significado de sus expresiones, y a veces suelo parodiarlos y le digo a la gente como decía el maestro Jesucristo, " Pedid y os daréis, tocad y os abriréis" como entiende usted que debe ser, porque como era parábola no siempre uno entiende que quiso significar.

Entonces La maestra Alicia se acomodó los espejuelos transparentes y con la seguridad de aquel que lo conoce todo me dijo:

------ Hijo, debemos saber, que la fe es primordial para alcanzar todo aquello que desee, porque todo lo que se ve, fue hecho de lo que no se ve, en realidad, no somos este cuerpo y rendimos más honor a la imagen que a lo que llevamos dentro, esa verdad fue la que Jesús intentó revelar para libertar y salvar, porque era una manera de resucitar, que es lo mismo que encarnar.----- Expresó.

Yo estaba sumamente interesado en aquella disertación salpicada de espiritualidad y religión, porque había oído decir que tal claridad obedecía a la luz, porque el hombre o la mujer sabia, eran entes de luz, y ellos podían expresarse de tal modo, porque traían la verdad en el corazón, y que por eso eran libres, porque conocían la verdad.

Y la luz era un simbolismo de clarificación y aplicación a la cotidianidad existencial, elemento esencial del despertar porque expresa actividad y revelación. Y ha facultado el desarrollo evolutivo de las sociedades planetarias en el universo.

Pasó el tiempo y Alicia se había ido del país, nueva york era la Metrópolis del encuentro y la disertación, donde la gente se encontraba e intercambiaba su visión, y sin importar a donde se encontrara, Alicia siempre se comunicaba.

Estuve sorprendido de su ausencia, porque por mucho tiempo no volví a saber de ella, pero su último mensaje me hizo saber cuál era el nivel de su estima frente a mí y me aconsejó como hoy los aconsejo yo:

------ ¡Aunque se acelere el ritmo del medidor de la arena, todo estará programado, para llegar sin atajo porque todo abordará, al tiempo de la verdad, por eso debes esperar, nada se debe forzar!.

Si me toca regresar, y no me puedes encontrar, piénsame sin malestar, y pon tu alma a volar, me encontraras en tus recuerdos y sabrás que aún no te dejo, pues en ti sembré la semilla de la reminiscencia, para que adquieras mi ciencia.

Entonces al leer sus expresiones sentí la sensación de que debía llorar porque a través de aquellas palabras pensé que se despedía, y tratando de secar mis lágrimas vi que me señalaba una expresión acomodada al momento y a la condición y decía "si te duele el dolor de otro, si te alegra la alegría, eres más humano de lo que creía, en realidad tiene que ser tu propio motivo para salir adelante porque sin tu esfuerzo puedes llegar a olvidarte que existe. Dé alguna manera, tendrás que sanar las heridas de tu vida, porque lo que parece ofensa y dolor, es una oportunidad de redención, Jesucristo es la mejor comprensión, eso debe recordar a los que te ayudaron, a quienes te acusaron y a los que te abandonaron, porque cuando brilla el sol, todos quieren darte amor, pero en la nublazón no te muestran comprensión.

Recuerdas que la vida es como una proyección de entusiasmo y decepción, un día aparecerá en escena y otro día, no podrás mostrarte allá, bajo cualquier circunstancia, tu alma clamará paz.

Siempre busca la manera de entender la verdad para que no confundas el libre albedrio con la libertad, así no caerá en fanatismo, ni idolatrías, los sistemas son patrón de guías, no la auténtica armonía.

Si no hace a tu prójimo, lo que no quieres que te hagan a ti, conocerá la justicia que te llevas a ser feliz.

En cualquier circunstancia, la vida en el planeta, no era diferente a los dictamenes establecidos, " si siembra flores, cosechará jardines, si siembras hortigas tendras culebrilla, aunque resulte increíble, tendras que proceder de acuerdo a lo que escogistes o te asignaron, pero el libre albedrio te daras el resultado de tus acciones.

Si con cuchillo matas con cuchillo será matado, por eso muy bien lo advirtió Jesus: "No hagas a tu prójimo, lo que no quieres que te hagan a ti," Todo eso lo sabemos en el espíritu, pero la investidura de la carne nos bloquea, y nos hace olvidar, todo lo que traemos, por eso la practica de las pruebas, comienzan desde el aprendizaje de lo que ya sabemos en el espíritu, y en los nuevos códigos que habremos de descifrar dentro del libre albedrío,Asi que la vida era como el ensayo del alma, que inducia a liberar del Karma, que de hecho, no se generaba por acciones albitraria del libre albedrio, por lo que tales acciones tendían a dilatar, el ejercicio o la demostración de la asignación o demostraccion que al nacer, debemos ejercer, en la vida terrenal.

Es decir, que cada ser trae una misión de acuerdo a su necesidad, que es a lo que en este planeta le llaman destino, siendo esta la razón de la rencarnación, que fue lo que Jesucristo quiso mostrar con la resurrección.

El dinero es una forma de vivir, pero no es la vida entera, el que alguna vez lo adquiriera, no olvide la gran cautela.

Las perdidas y las ganancias son regulaciones universales para cronometrar el alma, si crees, que algo pierdes, ten calma.

Si la soledad se haces tu amiga por favor no la despida, del silencio y del poder, tienes mucho que aprender.

Muévete con el sol, él te ensenaras el amor, y te mostrara el dolor,

Porque tras el dolor, también hay una enseñanza y un aprendizaje, donde podemos ver y conjugar lo que son, almas apagadas con vistas dislocadas, fúnebres consuelos que huyeron del cielo.

Quisieron brillar, y estaban obscuro en su despertar.

Ternuras divina que otorgan la vida, para despertar en el muladar.

Gracias y esperanzas que otorga la gloria de la remembranza.

Cuando despierto y te veo, siento que estoy consagrado, pues tu sonrisa me indica, que tu eres la mas bonita, es por eso que te veo, y siento y no parpadeo, percibiendo que eres luz, en tu cuerpo de virtud.

El cristal te enseñarás otra manera de amar, si confías y te traicionan, nada has de recuperar, y de esa misma manera, se irá quebrando el cristal.

Es que la confianza es como un signo vital, si alguno te haces dudar, es dilema de aceptar, fue lo que paso con Jini, respecto a mi transitar, que una vez que confie en ella, quebranto mi bienestar, ella le empezó a servir, a la mafia contextual y mi corazón hirió, de ella me intente alejar, y todas mi producción ella la quiso jaquear, viéndome asi precisado, a contra ella decretar, mis inquietudes sin igual,:

----- Jaquee, si la justicia se los hombres, no te encuentras, la justicia de Dios te alcanzarás, y cuando eso suceda, querrás morir, y no podras, y tu desesperación serás tan grande, que tus burlas se convertirán en locuras.

No esperes nada de nadie, y evitas desilusiones sirve sin esperar nada, que en cada acto de amor, se esconde una bendición.

Es que habran buenos, pero también malvados que intentaran atar cargas, que no te pertenecen, buscando enloquecerte, para luego mostrarse como ente s inocentes.

Vives rodeado de gentes, no todos son tus amigos, algunos

llegan a ti, para tornarte infeliz, pero el radar te dirás, a quien tú debes trotear, porque si te confías tendrás que expresar:

------ Mafia contextual, tú no tienes poder sobre mí, tus medicamentos que enferman, no podrán mandarme al hospital, solo Dios lo podrá lograr, porque soy un hueso duro de roer, y de Dios, es mi poder---- Así que me vi precisado a agregarle:

==== El contexto está llorando, el jaquee sigue jaqueando, la mafia le está apoyando, todos los trabajos sucios, ella lo está financiando.

Entonces re atacando le dije:

----- jaquee ignorante, si la justicia de los hombres no te encuentras, la justicia de Dios te alcanzarás, y cuando eso suceda, querrás morir y no podrás, y tu desesperación será tan grande, que tu burla se convertirá en locura.

El caso era que en ese entonces la mafia contextual usaba personas para espiar y quería controlar de alguna manera a todos los que estaban al alcance de sus unas, Jini era una chica que me parecía bonita, con una cara bella de la que ignorábamos, que traía detrás, pues, lucia invadida por la obscuridad, y por un tiempo creí que sería confiable, pero la mafia contextual descubrió que solía hacer trabajo que me involucraban y como siempre lo hacía en su afán de la persecución que sostenía contra mí, también llegó a ella y la sobornó, y entonces comenzó a servir a la mafia contextual, y era como una desvergonzada sin igual que incurría en sus maldades y nada le importaba, cuyo cinismo la empezó a arropar, y la hipocresía la enmudecía, cuando intentaba comunicarse:

Pero hiciera lo que hiciera, nunca podría conmigo, yo era un espíritu puro que nunca había sido animal, pero ella sí, y estaba atrapada, por las amargas experiencias de todas sus vivencias generacionales, y no entendía, que mientras más maldades esbozara en mi contra, mayor seria el fardo de su karma generacional, y que sólo yo, que era un espíritu puro, que nunca fui animal, la podía liberar, y a pesar de las posibles limitaciones que otorgaba la tierra, mi poder era más grande que el de los que intentaron hostigarme, y había acontecido algo sorprendente, porque para mis lecturas necesitaba lentes, pero cuando el poder de Dios, volvió y se manifestó, la visión veinte, veinte se me tornó, y mi vista se agudizó, tan profundamente, que la del águila superó, y podía ver a larga distancias del cielo a la tierra y viceversa, de la tierra al cielo, y todo lo que creí que sería dolor por siempre, se me tornó en una eterna alegría, de manera que todos la veían, y los que me persiguieron y me hostigaron, por la naturaleza y el mandato del espíritu, ya no podían mirarme de frente y tendían a bajar la vista, mientras que los que siempre me quisieron, se inclinaban a mis pasos, mi gloria terrenal se iniciaba con máximo esplendor, empezaban a buscarme de muchos lugares, mi influencia crecía entre los pobres y los ricos, las masas empezaron a mostrar su apoyo a mi causa, la cual habían empezados a verla como la de ellos, mi liderazgo, crecía cada día, y poco a poco fui enfocándome en el propósito asignado.

Fue así, y de tal manera que la intervención y los consejos de la maestra Alicia, habían logrados despertarme e induciéndome a entender que

    aquellas enseñanzas me marcaron de por vida, la maestra había logrado su objetivo, y como lo había previsto, ella trazó mi destino, y sin sentirme perdido, enderezó mi camino.

SINOPSIS

-Ten cuidado Gerinerdo, que en internet, te puedes perder, si vas a chatear, elige con quien, y no vaya a ceder tu poder, porque muchas cosas pueden suceder, solía advertirme mi padre, más yo, hacia caso omiso, craso error-, porque Amor Cibernético, es como un bufet con postre, o mejor dicho, la historia de varias historias, generadas por la cibernética, -que fue roseándome y absorbiéndome.

¡Hola! Soy Gerinerdo Atawalpa, el joven protagonista de estas historias, perseguidor de experiencias.

Quiero invitarlos a caminar conmigo a lo largo de la antología de cuentos que le muestra el autor, ya que yo como personaje estoy impresionado, y sé que ustedes al leer el contenido que le otorga el autor, también estarán conmigo.

Son 17 historias emanadas de un tema donde se destaca la antología

de la cuentistera moderna, inspirada en la cibernética.

Aquí el lector experimentará la sensación de un despertar que transformará su estilo de amar.

¿Por qué Gerinerdo no huye del internet sabiendo que adiciona?

¿Cuál es la magia que lo ata a vivir atrapado en un amor que lo induce a confundir al ser humano con un robot?

Todo eso y mucho más, lo encontrará en las páginas de esta obra que avanza con los tiempos de la confusión y la transformación, porque Mariano Morillo B, PhD. El autor de la claridad, persigue el despertar de la humanidad, en función de su creatividad.

www.ingramcontent.com/pod-product-compliance
Lightning Source LLC
LaVergne TN
LVHW021827060526
838201LV00058B/3548